L'épanouissement de l'enfant doué

Sophie Côte
et Dr Ladislas Kiss

L'épanouissement de l'enfant doué

Albin Michel

Collection « Questions de parents »
dirigée par Mahaut-Mathilde Nobécourt

Préface

Nous avons tendance à parler des enfants de tel âge ou de tel niveau scolaire comme s'ils faisaient partie d'un groupe homogène. Pierre a huit ans, il est en CE2. Alors, on « sait » qu'il peut effectuer des additions, des soustractions, et résoudre certains problèmes de multiplication mais qu'il ne peut pas comprendre le calcul de la régression multiple. Cathy a huit ans, elle est en CE2, elle vient de passer un test d'intelligence et elle a un QI à 130. Ses capacités mentales se situent à deux écarts-types au-dessus de la moyenne des enfants de son âge. Alors, on « sait » de quoi elle est capable en mathématiques et dans les autres matières scolaires.

On croit savoir. On est habitué à ranger les enfants dans des catégories prédéfinies. Mais les surprises nous attendent. Au sein d'un groupe relevant d'un même niveau scolaire, on trouve des enfants d'âges variés. Et parmi ceux d'un même groupe d'âge, on observe des niveaux de maturité psychologique et physique hétérogènes. En ce qui concerne le niveau intellectuel, parmi les enfants à fort potentiel mesuré par des tests classiques de capacité cognitive, nous constatons une forte diversité de profils de capacités mentales.

Un enfant n'est pas une entité statique mais un être en évolution permanente, qui puise dans son environnement et cherche à s'épanouir. Cette idée fondamentale sous-tend le livre de Sophie Côte et Ladislas Kiss. Il s'inscrit d'abord dans une démarche de recueil d'expériences de vie, de réflexion et de synthèse, avec l'objectif de mieux connaître les enfants doués et de favoriser leur identification, leur développement, leur prise en charge, leur épanouissement. Chaque enfant est unique, certes, mais nous pouvons également observer chez chacun des reflets de myriades d'autres enfants. Profitons de ces similitudes et de ces différences pour optimiser le développement de chacun d'eux.

Ensuite, parce que l'intérêt pour l'enfant à haut potentiel, l'enfant doué, se situe dans un contexte de société que reflètent les attitudes des enseignants et des parents, ce livre nous informe sur les évolutions récentes et les questions qui se posent actuellement dans l'accompagnement d'enfants doués. La démarche des auteurs complète celle de la recherche scientifique, qui a pour objectif de formaliser les hypothèses concernant les enfants à haut potentiel, de les mettre à l'épreuve dans les études empiriques et de bâtir des modèles de fonctionnement prenant en compte des variants et des invariants du fonctionnement psychologique concernant cette population d'enfants[1].

Le but commun de ces différentes approches, celle du terrain et celle de la science, est de mieux connaître ces enfants doués et de mieux répondre à leurs besoins. De mieux les accompagner dans leur développement.

L'épanouissement de l'enfant doué passe forcément par son environnement familial, scolaire et social. Dans la mesure où il contribue à informer, nuancer, et faire évoluer nos représentations de l'enfant doué et les perspectives

1. Lubart et coll, *Enfants exceptionnels – précocité intellectuelle, haut potentiel et talent*, Bréal, 2006 ; www.enfants-haut-potentiel.com.

d'épanouissement que nous avons pour eux, ce livre peut aider à transformer harmonieusement le haut potentiel en talent confirmé.

Pr Todd Lubbart
UER de psychologie, université Paris V-Descartes

Introduction

Pourquoi ce livre sur les enfants précoces, écrit par une enseignante, principale de collège de l'Éducation nationale, et un psychiatre libéral ?

Il est le fruit d'une longue expérience partagée et de nombreuses observations, échanges et réflexions.

L'enseignante rencontre souvent des enfants précoces heureux, mais aussi d'autres qui vivent mal leur précocité. Le psychiatre ne voit que des enfants en souffrance. En confrontant nos deux points de vue, nous avons noté les questions souvent soulevées à leur propos.

Même si de nombreux enfants intellectuellement précoces ont une réussite scolaire exemplaire et de bonnes relations avec leur entourage et, en apparence, n'ont pas besoin de nous, nous ne devons pas pour autant négliger leur différence car, si elle n'est pas source de souffrance, elle n'en existe pas moins et exige d'être prise en compte.

Deux caractéristiques, chez eux, sont essentielles à considérer : leur extrême sensibilité et leur rapidité de compréhension et d'apprentissage. Tout au long de ce livre, nous y ferons référence car, si ces deux éléments sont ignorés, ou plus grave, contrecarrés par une éducation trop stricte, par des méthodes trop conventionnelles ou par un apprentissage trop répétitif et trop pauvre, ils ne pourront pas s'épanouir comme ils le devraient, à la hauteur de leur potentiel.

Or l'éducation d'un enfant intellectuellement précoce par la famille n'est pas toujours facile car l'enfant est à la fois intellectuellement très en avance et affectivement souvent en retard sur son âge réel. Elle l'est également parce que l'enfant précoce, plus que les autres, prend conscience des contradictions inhérentes à la vie en société et très jeune juge les adultes, ce qui est parfois cause de malaise car il aime ses parents dont il perçoit les travers.

Quant aux enseignants, ils doivent reconnaître l'enfant précoce pour le nourrir comme il convient, supporter son regard, et ce n'est pas une tâche aisée dans une classe hétérogène.

Jean-Marc Louis, inspecteur de l'Éducation nationale, dit très justement de lui : « C'est seulement son décalage qui le démarque. Les décalages, positifs ou négatifs, qui peuvent être constatés dans sa personnalité ne sont que la non-prise en compte de cette particularité. »

Malheureusement, souvent les enfants précoces ne sont pas reconnus et leurs qualités ne peuvent pas s'épanouir. Ou bien parfois, bien que reconnus, ils ne sont pas acceptés. Et il est finalement, pour certains, si difficile d'être précoces que leur santé morale en est ébranlée. Des signes de troubles apparaissent qui inquiètent les parents et l'enfant lui-même. Il ne faut pas craindre alors de chercher une aide auprès d'un psychiatre ou d'un psychologue. Quelques consultations peuvent se révéler suffisantes pour éclairer l'enfant et sa famille et les rassurer. Et si le trouble est plus grave, cette aide est d'autant plus nécessaire.

Très longtemps dans les émissions de télévision ou dans les articles de presse, la précocité a été présentée comme un handicap et l'enfant précoce comme forcément malheureux. Dédramatisons. Ce sont seulement des enfants « à besoins particuliers ». Une bonne connaissance de la précocité et des efforts d'adaptation leur faciliteront la vie.

Et une fois adultes, que seront-ils devenus ? Entre qualités et troubles, il est plus ou moins possible de définir quelques profils d'enfants précoces, certaines constantes affectives, comportementales et instrumentales. Il est beaucoup plus difficile de dresser des profils types pour les adultes car les événements de la vie tendent à modifier leur personnalité. Parents et éducateurs ne pourront éviter aux enfants précoces, comme aux autres enfants, le chômage, la maladie, les difficultés relationnelles, mais leur rôle est de les aider à prendre confiance en eux et à trouver leur chemin.

Et pour pouvoir les accompagner jusqu'à l'autonomie et à leur insertion dans la société, il convient donc d'abord de bien les connaître.

1

Reconnaître la précocité intellectuelle chez un enfant

De nombreux vocables sont utilisés pour désigner les enfants que l'Éducation nationale a choisi de désigner comme « intellectuellement précoces » : doué, surdoué, talentueux, à haut potentiel... en anglais *gifted*, *high ability*. Surdoué et *gifted* renvoient à la notion de don, de talent. Précoce ne fait pas référence à l'origine des capacités mais à une notion d'avance – lorsqu'on parle d'adulte, le mot précoce n'est plus très adapté et le mot surdoué est plus approprié. Mais tous ces termes définissent les enfants dont les fonctionnements particuliers sont liés à une intelligence élevée. Ils sont les mêmes bien qu'il y ait des différences de degré entre eux, de l'enfant à la limite de la précocité jusqu'au génie.

Tant de vocables pour les désigner en dit long sur la curiosité et l'intérêt qu'ils suscitent.

Qui sont ces enfants ?

Comme le fait justement remarquer Maria Pereira-Fradin, « il est impossible d'envisager les enfants à haut potentiel comme un groupe homogène que l'on pourrait décrire de manière synthétique [...], la variabilité inter-individuelle y est aussi présente que dans le reste de la population et la variabilité intra-individuelle est d'autant plus marquée que les performances dans certains domaines sont exceptionnelles. » Dès le plus jeune âge, certaines attitudes mentales, affectives et comportementales doivent pourtant attirer l'attention.

Ils surprennent vite par l'étendue de leur vocabulaire et parce qu'ils savent très tôt s'exprimer : ils peuvent communiquer verbalement quand les autres enfants n'en sont qu'aux balbutiements. Leur soif de connaissance et leur grande curiosité les incitent à poser d'incessantes questions et chaque réponse appelle une nouvelle question. Leur mémoire est grande et ils la nourrissent de tout ce qu'ils voient, de tout ce qu'ils entendent et bientôt de tout ce qu'ils lisent. Enfants créatifs et imaginatifs, leur cerveau est toujours en ébullition. Pour la joie des personnes avec qui ils vivent, ils font preuve d'une compréhension rapide. Ils ajoutent à la finesse et à l'intuition dont ils sont doués un sens de l'humour très percutant. Ils « sentent » les gens, ils sont très perméables au climat d'une situation. Ils perçoivent des signes avant-coureurs qui attisent leur sens de l'anticipation. Quand ils commencent leurs études, ils font preuve d'une grande facilité d'abstraction, de conceptualisation, de concentration quand ils sont intéressés, de fulgurances, de rapidité d'apprentissage, toutes qualités qui sont précieuses pour le cursus scolaire.

Ils ont grand besoin de logique et de justice, et leurs réactions sont parfois intenses quand ils affrontent une situation qu'ils jugent incompatibles avec leur éthique. En quête dès leur jeune âge de réponses à leurs questionnements philosophiques, ils sont mal à l'aise, assez grands pour deviner les grands problèmes de la vie et du cosmos, trop petits encore pour comprendre et admettre l'infini de notre ignorance.

Selon les âges, les indices sont plus ou moins significatifs et ils s'accompagnent parfois de troubles qui peuvent brouiller les signaux. Mais lorsqu'il y a des signes indiquant un éveil peu coutumier et des troubles associés, il convient de se poser la question de la précocité.

□ Chez les nourrissons

On observe un regard intense, un hyperéveil, une hypervigilance, une hypersensibilité.

Quelquefois les enfants manifestent certains troubles du sommeil. Ils créent des difficultés pour se coucher. Ils font des caprices et des colères au moment d'aller au lit avec des pleurs pouvant aller jusqu'aux spasmes du sanglot. Ils ont du mal à s'endormir, font des cauchemars et se réveillent en pleine nuit sans pouvoir trouver le sommeil. Certains ont des troubles alimentaires. Ils s'opposent, ne veulent pas manger.

Toutes ces attitudes peuvent quelquefois être corrélées à la précocité, mais surtout ne généralisons pas. Certains enfants révélés précoces par la suite n'ont jamais eu aucun trouble de cette sorte. Écartons vite, également, l'idée que tout enfant manifestant des troubles est *ipso facto* précoce.

□ Chez les tout-petits

On peut repérer un comportement tonique et scrutateur, une précocité spontanée du langage et de la lecture, une capacité à apprendre seul par le biais de jeux de société, de la vidéo, de jeux télévisés. Ils font preuve d'empathie pour les autres. Certains manifestent des angoisses nocturnes et souffrent d'un défaut d'apprentissage social par imitation [1].

1. La théorie de l'apprentissage social par imitation, proposée en 1963 par Albert Bandura (*L'Apprentissage social*, Mardaga, 1986) met en avant la propension de l'homme comme des animaux supérieurs à reproduire spontanément un comportement observé chez un autre individu. C'est un temps capital de la

Quand il s'agit de l'aîné de leurs enfants, les parents manquent encore à cet âge de repères. L'enfant est brillant, plein d'humour, tout semble normal. C'est souvent par la suite, en comparant avec les cousins ou les camarades de classe, qu'ils prennent conscience de l'avance intellectuelle de leur enfant.

□ Chez l'enfant et l'adolescent

L'adolescence est précoce. Elle peut commencer vers neuf-dix ans.

Les signes positifs sont prédominants. L'enfant intellectuellement précoce équilibré est un élève brillant, plein de curiosité, qui est toujours en demande de stimulation intellectuelle. Il est altruiste, se fait des amis, est tourné vers l'humanitaire, se propose comme médiateur, il organise des activités pour les autres. Il est souvent chef de classe. Il aime relever des défis. Il a un goût prononcé pour le savoir scientifique et philosophique.

On relève aussi chez certains des signes négatifs : une curiosité angoissante sur les thèmes existentiels, de l'agitation, de l'impertinence, de la provocation ou de l'opposition, une propension au doute, une tendance à la dispersion dans de multiples activités peu ou mal approfondies, une tendance au perfectionnisme pour soi et pour les autres. Parfois l'adolescent se replie sur lui-même, s'isole et se coupe de son entourage.

L'observation de tous ces signes peut inciter les parents et les enseignants à penser que l'enfant ou l'adolescent est pré-

période de socialisation tant humaine qu'animale. Les processus neurologiques et cognitifs qui sous-tendent cet apprentissage sont complexes, faisant tout à la fois intervenir des circuits automatiques et volontaires.

coce. En cas de doute, il peut être utile pour mieux les comprendre, de demander un test.

Comment les reconnaître ?

Qui serait le mieux placé après les parents pour détecter ces enfants si différents et qu'on risque de gauchir sans le vouloir ?

Peut-être le pédiatre ou le médecin de famille car ce sont eux qui voient l'enfant en tout bas âge avec un regard théoriquement neutre. Puis ce serait chronologiquement au gré des orientations ou des rencontres : un psychologue, un psychiatre, un ami ou un enseignant.

Si l'intuition nous renseigne souvent assez bien sur les qualités et aptitudes d'un enfant, il est parfois nécessaire d'avoir recours à des tests pour confirmer cette impression et ne pas occulter ou au contraire surévaluer la précocité intellectuelle. Bien sûr, il ne faudrait pas tomber dans la tentation d'un tout médical cherchant à prouver la précocité intellectuelle. Cependant, si de nombreux professeurs et parents sont naturellement perspicaces pour détecter de petits signes révélateurs, d'autres les ignorent, au risque d'entraver les potentialités intellectuelles ou créatives, le développement psychoaffectif et social ou l'estime de soi des enfants précoces.

Bien des enfants précoces évoluent très harmonieusement sans qu'il soit besoin de les tester. Nous voulons simplement attirer l'attention des parents, enseignants et professionnels de l'enfance sur leurs particularités pour les amener à se mettre en phase avec eux.

□ Les tests de QI : pour qui, pourquoi ?

En 1900, le ministère de l'Éducation nationale demanda à deux psychologues, Binet et Simon, de construire un outil permettant de détecter les enfants ayant des difficultés intellectuelles. Dans un système scolaire devenu obligatoire quelques années plus tôt, en 1882, le problème était de mettre en place, en raison de la disparité des élèves, des mesures facilitant l'acquisition de connaissances pour les enfants légèrement déficients mentaux et de résoudre le problème de leur intégration en créant pour eux des classes dites de perfectionnement.

Depuis, les tests ont évolué, et ils sont utilisés également pour dépister les enfants précoces. Deux raisons peuvent motiver leur prescription :

– un objectif scolaire : reconnaître un enfant intellectuellement précoce sert avant tout à mettre en place une stratégie de réussite. L'évaluation du QI tel qu'il est généralement pratiqué par les psychologues, a alors pour but de tenter de définir la place de l'enfant par rapport à ses camarades de classe. Ce bilan est très souvent utilisé pour obtenir un saut de classe. Il peut concerner un enfant qui n'a jamais eu de problème ;

– des difficultés scolaires et relationnelles, un mal-être de l'enfant : il n'est plus question ici de le situer par rapport à ses camarades pour satisfaire sa curiosité, sa soif d'apprendre, son rythme rapide d'apprentissage, mais d'aider ou de soigner un enfant qui souffre et auquel il faut être attentif. L'évaluation appelle alors un complément d'investigation : le test de QI peut être complété par des tests à la recherche de déficiences instrumentales et fonctionnelles : dyslexie, troubles visuels et auditifs, et par une évaluation comportementale. Lors d'une émission de radio, une psychologue soutenait que le QI devait s'accompagner d'une investigation de la personnalité de l'enfant qui nécessitait au moins trois jours d'observation en hôpital. Il s'agissait d'un point de vue médical ne concernant que des cas très graves ou complexes.

« Enfant surdoué » dans l'esprit de beaucoup est synonyme de génie. Mais ce n'est pas seulement pour détecter des génies que l'on cherche à définir le niveau intellectuel des enfants. C'est avant tout pour les aider à vivre une scolarité heureuse et éviter qu'un tiers d'entre eux ne se retrouve en échec scolaire et un tiers en deçà de leurs capacités en fin de troisième.

Il est souvent reproché aux parents avides de connaître les aptitudes de leurs enfants de vouloir les « pousser » par ambition personnelle. Certains pensent que l'enfant précoce serait le fruit d'un surinvestissement parental. Ce qui donnerait l'illusion d'une grande intelligence là où les résultats ne seraient obtenus que par un intense effort de travail et de surstimulation. S'il est vrai que certains parents font une pression trop grande sur leur enfant, ce n'est pas la généralité. La connaissance d'un QI élevé peut inciter parents et enseignants à stimuler comme il convient l'enfant pour éviter qu'il ne s'enlise dans l'ennui d'un programme trop pauvre pour lui.

En revanche, tantôt les parents, tantôt les enfants peuvent ne pas souhaiter que soient pratiqués des tests. Il faut tenir compte des réactions positives et négatives que peuvent engendrer, tant chez les parents que chez l'enfant, la demande d'un test ou la divulgation de ses résultats. En définitive, il n'y a pas d'attitude univoque en la matière, tout est affaire de tact et de mesure.

□ Qui peut faire passer ces tests ?

Ce sont le plus souvent les psychologues scolaires puisque ce bilan est généralement demandé dans le cadre de l'école : cependant, l'Éducation nationale n'a pas les moyens de procéder à la détection des enfants sur une grande échelle parce que les psychologues scolaires ont en charge des secteurs très larges, souvent plusieurs écoles, collèges et lycées, qui limitent leur possibilité d'intervention. Ils ne prennent en consultation, le plus souvent, que les enfants en difficulté avec parfois des délais d'attente très longs.

Aussi peut-on avoir recours directement à des psychologues en libéral : mais il faut savoir qu'ils sont chers et que leurs interventions ne sont pas remboursées par la Sécurité sociale.

À ce propos, certains psychologues, les psychologues scolaires en particulier, sont réticents lorsqu'il s'agit de communiquer aux familles le bilan chiffré du quotient intellectuel. Qu'ils estiment ne pas devoir le donner à l'enfant se comprend, mais les parents sont adultes, responsables de leur enfant et ont droit d'être informés. À l'heure où les malades peuvent avoir connaissance de leur dossier médical, il est souhaitable que l'information soit la plus complète possible dans ce domaine également. Dire à une maman : « Votre enfant est intelligent » est d'une trop grande imprécision.

□ Quel est l'intérêt de ces tests ?

Il existe de nombreux tests de QI aux caractéristiques très différentes. En France, comme l'a confirmé en 2002 le rapport Delaubier, on utilise principalement les échelles de Wechsler, dont les tests sont les mieux reconnus par les institutions. Ils permettent de situer les personnes au sein d'une répartition statistique de l'intelligence qui se distribue selon une courbe dite de Gauss dont les deux tranches extrêmes indiquent le seuil de la débilité (QI < 70) et de l'intelligence supérieure (QI > 130). Selon cette courbe, 50 % de la population, représentant la « normalité », possèdent un QI compris entre 90 et 110.

Courbe de normalité

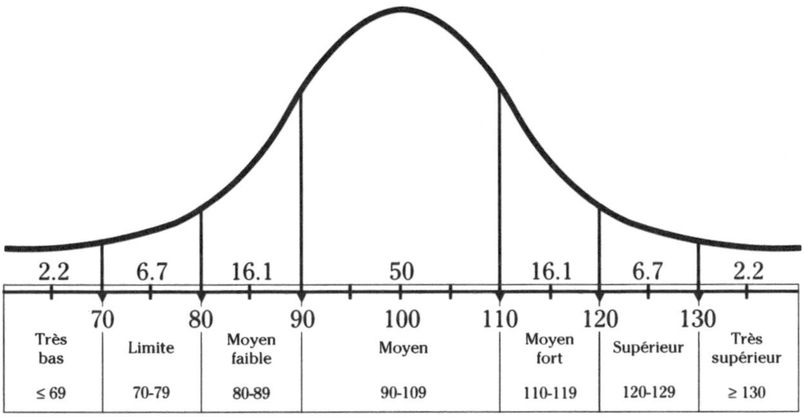

Les tests de Wechsler permettent, quels que soient les résultats scolaires d'un enfant, de mesurer son degré d'efficacité dans sa capacité à résoudre des problèmes de différentes natures, visuels, logico-mathématiques, verbaux, d'attention, de rapidité, de mémoire, de culture générale, c'est-à-dire de situer son niveau potentiel de réussite face à des épreuves explorant les différentes capacités du traitement de l'information les plus utiles pour suivre un apprentissage ou s'insérer dans la vie professionnelle. Ce sont avant tout des instruments révélateurs des points forts et des points faibles.

Selon un objectif purement scolaire, ils servent principalement à situer l'enfant par rapport à d'autres enfants de la même classe d'âge, à motiver éventuellement un passage anticipé en classe supérieure ou à faire bénéficier l'élève d'un programme d'éducation spécifique ou aménagé. Car au sein d'une classe hétérogène scolarisant les enfants de tous niveaux intellectuels, certains sont lents, d'autres beaucoup plus rapides, certains ont besoin de répétitions pour intégrer une notion, alors que d'autres, les enfants précoces, comprennent d'emblée et vivent souvent très mal les répétitions qui les ennuient ou les embrouillent. Ce test a le double avantage de déceler un enfant intellectuellement précoce et un enfant qui ne l'est pas. N'oublions pas que le système scolaire a été bâti pour la majorité des enfants qui présentent un QI compris entre 90 et 110/120. Il peut être dommageable pour des enfants précoces d'avoir à suivre des programmes trop lents et au contenu trop pauvre, tout comme cela peut l'être pour les enfants situés dans la « norme » soumis à trop de difficultés ou à un rythme d'apprentissage trop rapide, au contenu trop chargé.

Les résultats que donnent ces tests sont en général assez fiables et stables dans le temps si la passation se déroule dans de bonnes conditions. En effet, la dépression, l'anxiété, le manque de motivation, la barrière linguistique ou instrumentale, des troubles psychiques peuvent grandement modifier l'aptitude à se plier correctement aux épreuves d'évaluation. Les altérations constatées doivent être notées par le psychologue dans son rapport écrit afin de modérer ses conclusions face aux scores obtenus ne reflétant pas l'ampleur des potentialités de l'enfant. Dans ces cas de figure, il est alors légitime et souhaitable de demander une deuxième évaluation à distance de plusieurs mois, une fois le trouble amendé.

Les échelles de Wechsler sont construites de telle manière que ni l'avancée en âge, hormis dégradation cérébrale, ni un entraînement intensif ne peuvent permettre de modifier de manière significative les scores obtenus à un premier test. Un entraînement intensif arrive seulement à faire gagner tout au plus 1 à 2 points sur le score global.

□ Échelles et indices

Les tests mesurent quatre indices de l'intelligence à l'aide d'exercices à exécuter en un temps donné. Étalonnés selon les tranches d'âge et adaptés à la culture occidentale, ils sont régulièrement révisés pour être mis en phase avec l'évolution sociologique du niveau de connaissances de la population générale.

Ils existent en trois versions :

1. Échelle d'intelligence de Wechsler pour la période préscolaire et primaire, appelée WPPS I-III-R – pour les enfants avant six ans. Cette version permet de tester les enfants dès deux ans et six mois, et jusqu'à sept ans et trois mois, mais, d'expérience, il vaut mieux attendre quatre ans pour tester, sauf cas particulier. Pour les petits, avant quatre ans, seules quatre épreuves sont pratiquées pour donner une plus grande efficacité au test : ils tiennent rarement une heure pleine de passation, écourter l'épreuve permet de la leur rendre plus accessible.
2. Échelle d'intelligence de Wechsler pour enfants, ou WISC IV – pour les enfants de six à dix-sept ans. Ce test a été révisé plusieurs fois. Le but est d'apporter davantage d'informations, et deux nouvelles mesures sont apparues : la mémoire de travail et la vitesse de traitement. Leur utilité paraît certaine, surtout pour la scolarité.
3. Échelle d'intelligence pour adultes, ou WAIS IV, destinée aux adolescents à partir de seize ans et aux adultes.

Plus les indices sont homogènes, plus le QI est valide – ce qui est logique. On constate parfois une grande disparité entre les différents indices. Dans ce cas, il est alors intéressant d'examiner la répartition des résultats aux différentes épreuves pour tenter de comprendre pourquoi on est en face d'une telle hétérogénéité des scores. Toutes sortes d'explications sont possibles en fonction des sujets :

– l'indice « vitesse de traitement » est souvent plus faible chez les précoces, parce qu'ils écrivent généralement lentement et mal ou sont plus stimulés par les épreuves qui laissent place à la réflexion ;

– l'indice « mémoire de travail » peut être diminué par l'anxiété, ou par des troubles de type dyslexiques ;

– une faiblesse en « raisonnement perceptif » peut refléter une dyslexie, une latéralisation mal installée ou des troubles de type dyspraxique, c'est-à-dire une maladresse manuelle ou visuelle ;

– une faiblesse en « compréhension verbale » peut être en rapport avec un retard de langage dû à des troubles auditifs ou au bilinguisme.

Nous retrouverons ces différents cas de figure lorsque nous analyserons les raisons de l'échec scolaire.

Bien sûr, d'autres raisons peuvent rendre compte d'une discordance aux scores d'évaluation. C'est au psychologue lors de l'entretien final que revient le devoir de formuler des explications, sous forme d'hypothèses, susceptibles d'être à l'origine de l'hétérogénéité des résultats aux sous-tests. En tout état de cause, l'analyse des différents scores, de leur discordance ou non, permet la plupart du temps de récolter de précieuses informations pour comprendre le fonctionnement psychique et instrumental de l'enfant. L'analyse du comportement durant le test est aussi très importante pour valider ou invalider la passation : enfant calme ou agité, serein ou anxieux, volontaire ou renonçant vite, bavard ou peu loquace. Tout cela doit normalement faire partie du compte rendu final car il peut être très utile tant aux parents qu'aux enseignants et aux soignants le cas échéant.

« Un test de QI évalue le minimum de ce dont l'enfant est capable, jamais le maximum[1]. » À ce titre, les parents doivent savoir que les nombreuses raisons que nous venons de signaler empêchent un enfant de donner le meilleur de lui-même à une épreuve, ce qui permet de relativiser bien des résultats à première vue très décevants.

Si de nombreux signes comportementaux chez certains enfants sont capables d'éveiller l'attention des parents ou des enseignants avertis au diagnostic de précocité intellectuelle, seul le test de QI a l'intérêt de vérifier le bien-fondé de leurs impressions.

□ Les échelles psycho-comportementales

Il existe aussi de nombreuses échelles psycho-comportementales remplies par les psychothérapeutes, les professeurs et les parents qui permettent d'évaluer au mieux l'attitude de l'enfant dans différents milieux, en consultation, à la maison, à l'école. Ces échelles sont en général très utiles car elles permettent de visualiser le profil de l'enfant qui a ou n'a pas toujours la même attitude selon les milieux qu'il fréquente. Ainsi un enfant sage à la maison et turbulent à l'école ou *a contrario* un enfant turbulent à la maison et sage à l'école n'ont probablement pas les mêmes problèmes que l'enfant sans cesse turbulent.

Ces évaluations comportementales et instrumentales visent toujours, selon le contexte clinique, la recherche d'un éventuel trouble soit de l'hyperactivité avec déficit d'attention (THADA) soit de déficiences instrumentales et fonctionnelles (dyslexie, dyscalculie, surdité, troubles visuels) pouvant expliquer une baisse de la performance scolaire au regard d'un QI élevé.

1. Huguette Hostyn, *Lettre info Afep*, octobre 2006.

Par les tests, on mesure des performances qui permettent de situer un sujet sur une échelle de compétences. Selon les définitions retenues et les champs d'application, les formes d'expression de l'intelligence sont des plus variées et des plus complexes. Les tests de QI ne mesurent pas l'intelligence artistique, sociale, affective, relationnelle qui pourtant participent également à la réussite professionnelle et personnelle.

□ Pourquoi et quand demander un test de personnalité ?

Des troubles graves de la personnalité, des carences éducatives, des non-dits familiaux ou des détériorations mentales congénitales ou acquises sont susceptibles d'entraver l'intelligence. Or même si le score de QI reste stable tout au long de la vie, des psychiatres ont montré que chez des individus à déficit majeur d'intelligence, celle-ci pouvait être mobilisée sous l'effet d'une longue prise en charge psychothérapique levant les conflits psychiques.

Le test de QI est tout à fait adapté s'il s'agit de reconnaître la précocité intellectuelle. Mais lorsque l'enfant est en souffrance, ne tenir compte que des chiffres globaux qu'il donne est insuffisant. Une analyse fine des profils aux sous-tests en corrélation avec la clinique est nécessaire. Leur compréhension est à même d'apporter des réponses qui aideront au mieux l'enfant précoce à développer le plus harmonieusement possible ses potentialités, le sortiront de ses blocages et l'amèneront à jouer les règles du jeu dans sa famille, à l'école et en société.

Et pour certains sujets, les tests projectifs de personnalité, Rorschach, TAT, le Patte Noire, peuvent être très éclairants. Face à des troubles cognitifs, comportementaux ou affectifs, ils permettent d'affirmer le diagnostic de précocité intellectuelle avec ou sans troubles psychiques associés. Ce type d'examen n'est cependant pas courant, pour des raisons non seulement financières mais aussi psychologiques : certains parents perçoivent mal, en effet, qu'on soupçonne chez leur enfant un trouble de la construction de la personnalité ; cela les renvoie eux-mêmes à un questionnement insupportable sur leur propre construction, leur histoire et les aléas des soins et de l'éducation qu'ils ont prodigués à leur enfant « perturbé » ou « en échec ».

2

Quel est notre regard sur ces enfants ?

Les enfants qui font preuve d'aptitudes exceptionnelles, d'intelligence, de prémonition, de créativité ont toujours attiré l'attention : ainsi au Moyen Âge dénommait-on *puer senex* (littéralement « enfant vieillard ») ceux qui présentaient un discours, une pensée et des préoccupations d'adulte mûr ou âgé. De tels dons ne pouvaient être l'effet que d'une grâce divine ou de l'intervention d'esprits maléfiques, et on les considérait parfois comme possédés.

Plus près de nous, des psychologues ont cherché à cerner le profil de ces enfants. C'est au psychologue américain Lewis Terman (1925) que nous devons la première étude de grande ampleur réalisée sur plus de 1 500 enfants. Ses travaux tentaient d'identifier et d'étudier, à l'aide de tests de performance, une catégorie d'enfants dits surdoués (*gifted children*) qui présentaient un quotient intellectuel élevé supérieur à 140. Il s'inspira des échelles de mesure du QI des Français Binet et Simon dont il fit une adaptation américaine, appelée la « Stanford-Simon ». Ses résultats ont soulevé de nombreuses questions et généré de nouvelles approches éducatives venant essentiellement d'initiatives privées et associatives pour « sauver » certains enfants présentant un QI élevé mais paradoxalement en échec scolaire notoire. En 1939, le psychologue américain Wechsler a publié une batterie de tests destinés à classer les enfants en fonction de leurs performances intellectuelles. Ce sont encore, à ce jour, les tests les plus usités.

Sous l'angle d'une perspective d'une évaluation systématique, une « échelle d'évaluation des caractéristiques de comportement des élèves surdoués[1] » (la SRBCSS-R) a été construite pour aider les enseignants des écoles à dépister les enfants à haut potentiel. Le test pourrait se révéler très utile aux enseignants pour mieux adapter leurs attitudes et le contenu de leurs cours à leur public.

Dans le même sens d'attention portée aux problèmes liés à l'intelligence élevée, en Angleterre existe depuis 1946 l'association MENSA qui recrute les individus ayant un QI de plus de 132 au test de Wechsler.

En France, ce n'est qu'à partir des années 70 qu'est apparu vraiment l'intérêt pour la catégorie des enfants précoces grâce aux écrits de Rémy Chauvin et de Jean-Charles Terrassier, les premiers à avoir publié des ouvrages destinés à sensibiliser le public à leurs particularités et à leur difficulté à vivre leur différence.

Puis les associations ont commencé d'aider les familles des enfants précoces. La première en France, l'Association nationale pour les enfants intellectuellement précoces (ANPEIP) a été fondée en 1971 par Jean-Charles Terrassier. En 1993, l'Association française pour les enfants précoces (AFEP) a été créée pour faire connaître, entre autres, le projet pilote mis en place en leur faveur au collège public du Cèdre au Vésinet en 1990 et pour souligner l'importance du rôle de l'école dans l'évolution de ces enfants et de mesures pédagogiques prises en leur faveur.

1. J.S. Renzulli et coll., *Scale for Rating Behavioral Characteristics of Superior Students* (revised edition), *Technical and Administration Manual*, Mansfield Center, Creative Learning Press.

Qu'en dit la science ?

Un certain nombre de compétences particulières de l'enfant précoce sont à mettre au compte d'un traitement de l'information riche et rapide qui trouve fort probablement sa source, outre l'environnement culturel qui favorise l'acquisition de certaines compétences, dans la qualité de certains éléments constitutionnels et génétiques.

Sur le plan neurofonctionnel, il serait possible de rattacher l'expression de ces fulgurances intellectuelles à l'activation automatique de certains modules de traitement de l'information au sein du cortex cérébral. Il est de plus en plus admis que le cerveau n'est pas une structure hiérarchisée et n'a pas une activité globale. Il fonctionnerait plutôt comme une centrale nerveuse permettant de relier entre eux plusieurs petits modules spécialisés dans une fonction particulière comme la lecture, l'écriture, le langage, le calcul. L'activation de ces modules, qui auraient tendance à travailler de manière indépendante et automatique dans certaines conditions, permettrait d'accomplir sans efforts de volonté ou de compréhension, à l'insu du sujet, des tâches assez complexes. La fluidité et la rapidité du traitement de l'information constatées chez beaucoup d'enfants précoces s'expliqueraient chez eux par la qualité du tissu glial, qui soutient les neurones cérébraux. Nombre de neurophysiologistes pensent à l'heure actuelle que ce tissu glial participe dans une large mesure à générer une conduction nerveuse plus rapide et complexe.

Par ailleurs, il a été bien démontré que l'expression de l'intelligence repose énormément sur des capacités fonctionnelles probablement en rapport avec un entraînement intensif et régulier, pratiqué volontairement ou involontairement. On a constaté chez certains pianistes virtuoses ou calculateurs prodiges la présence de zones cérébrales spécifiques très activées, anatomiquement plus développées. Ces zones hypertrophiées seraient probablement les fruits d'une stimulation intensive locale de certaines aires corticales concernées dans l'exécution répétée d'activités particulières.

Jean-Claude Grubar a montré que les enfants précoces présentaient statistiquement dans l'architecture de l'enregistrement de leur sommeil un allongement et une fréquence plus grande de la phase de sommeil paradoxal qui seraient à mettre en relation avec une grande activité de traitement des informations reçues à l'état de veille.

Les différences fonctionnelles constatées contribuant à leur réussite scolaire pourraient donc être mises sur le compte de l'action conjuguée d'un plus de mémoire, d'un plus de sommeil paradoxal et d'un plus de plasticité cérébrale. Des plus cumulés qui leur offrent de gros avantages pour exceller notamment dans les processus d'apprentissage intellectuel.

Rien ne prouve le caractère génétiquement héritable de ses spécificités même si l'on constate des familles à fort taux de précocité. Comme pour les états anxieux et les troubles obsessionnels compulsifs, le caractère familial d'un trait est souvent corrélé à des modèles de comportements observés et transmis au sein de la famille dont les membres présentent, volontairement ou non, des manières d'agir et de penser spécifiques pouvant s'ériger en lois intériorisées. Il en serait de même dans les familles à forte représentation d'enfants précoces au fil des générations.

Mais si aujourd'hui il est impossible d'affirmer ou d'infirmer quoi que ce soit sur les bases génétiques et neurofonctionnelles de l'expression de l'intelligence, il est probable que les neurosciences, discipline en plein essor, nous réserverons quelques découvertes plus solides qui nous aideront à mieux comprendre les divers fonctionnements des enfants précoces.

Quant au débat inné-acquis, la question est souvent posée. Un enfant dans un milieu favorisé aura plus de chance de développer ses facultés. Ses parents seront plus à même de répondre à ses incessantes questions. Il sera alors suffisamment stimulé et encouragé. Son vocabulaire sera plus étendu et il aura pris dès sa petite enfance de l'avance par rapport à des enfants issus d'un milieu moins favorisé.

Mais si l'école remplit son rôle, les jeux ne sont pas faits pour autant, et l'Histoire offre de nombreux exemples de surdoués issus de milieux extrêmement modestes qui ont pu affirmer leurs grandes capacités. Pour les parents et les enseignants qui ont un enfant à éduquer et à instruire de la façon la plus appropriée à ses besoins, la question est donc de peu d'importance.

Le manque de reconnaissance

L'expression de la précocité n'est pas seulement intellectuelle : elle peut aussi se voir dans d'autres domaines, artistiques, sportifs, affectifs ou relationnels – Harold Gardner parle d'intelligences multiples.

La France vit à ce sujet un paradoxe assez surprenant. Lorsqu'il s'agit de sport, de musique, de peinture, on y manifeste un grand engouement : les enfants sont préparés très jeunes et les entraînements, aussi contraignants soient-ils pour la santé, pour la famille, pour les finances publiques, sont encouragés. Il existe de nombreuses classes sports études, musicales et arts plastiques, en face des rares classes pour enfants précoces arrachées de haute lutte aux inspections académiques.

Comment expliquer ce manque de reconnaissance de la précocité intellectuelle ? Parce que ses réalisations ne sont pas aussi spectaculaires que celles de l'intelligence musicale ou sportive ?

Lorsqu'il s'agit de précocité intellectuelle, les résistances sont très fortes : admettre que des êtres soient plus intelligents que d'autres, c'est rompre avec l'idée égalitaire qui a régi si longtemps notre système éducatif. Et pourtant, dans une classe hétérogène, il est facile de faire le constat des inégalités. Cessons de nous voiler la face et agissons au mieux des intérêts de tous les enfants en acceptant leurs différences.

La précocité et l'Éducation nationale

D'énormes efforts d'information sont déployés depuis plus de trente ans par les médias, par les associations qui, pour faire connaître la précocité, ont organisé des conférences et des congrès auxquels ont participé des chercheurs et des universitaires, par l'Éducation nationale qui a encouragé la formation des enseignants. Pourtant la précocité intellectuelle n'a pas encore la place qu'elle mérite.

Bien qu'officiellement admise aujourd'hui dans les textes de loi et les instructions ministérielles, elle n'est toujours pas enseignée en psychologie et encore moins en médecine, notamment dans les spécialités pédiatrique, neurologique ou psychiatrique. Son évocation a seulement vu le jour en 2006 dans l'*Encyclopédie médico-chirurgicale* dans un appendice de Bléandonu et Revol. Beaucoup de psychiatres et de psychothérapeutes continuent malheureusement de nier cette entité malgré une réalité clinique indiscutable.

Il est un autre obstacle à la reconnaissance de la précocité en milieu scolaire qui vient paradoxalement de l'action de nombre de parents. Beaucoup de « surdoués », une fois détectés et testés, se retrouvent *ipso facto* prisonniers d'une exigence parentale qui veut à tout prix les protéger contre la machinerie « égalisatrice » des programmes scolaires. Ces parents les retirent de l'enseignement public au lieu de se battre pour faire émerger des réformes. Ce comportement contribue en grande partie à ralentir la prise en compte de la précocité par l'Éducation nationale. À part quelques exceptions dans des établissements pilotes, l'Éducation nationale n'avait pas, jusqu'alors, la volonté de proposer d'autres manières d'être et de faire pour instruire et intégrer dans ses établissements les enfants intellectuellement précoces aux besoins si spécifiques.

La précocité intellectuelle, actuellement, n'est cependant plus taboue. À l'instigation de sénateurs et de députés, Jack Lang, lorsqu'il était ministre de l'Éducation nationale, a diligenté, en 2002, une commission pour recueillir tous les avis des experts qui consacraient leurs travaux à la précocité, et l'inspecteur général Delaubier a rendu un rapport très riche qui a été à l'origine de la reconnaissance des enfants précoces par l'institution d'abord et le législateur ensuite. L'article L. 321-4 consacré aux « enfants à besoins particuliers » de la loi d'orientation et de programme pour l'avenir de l'école votée le 23 avril 2005[1] concerne principalement les enfants handicapés ou en grande difficulté et quelques lignes sont réservées aux enfants précoces.

Pour faire admettre la précocité, il a fallu insister sur la souffrance ressentie par ces enfants au point que leur image en a été faussée. On a parlé de handicap, de drame, de malheur : c'est par ce biais qu'il a été enfin possible de faire prendre en considération ce type d'enfants. Mais maintenant, ce stade est dépassé. La situation a fortement évolué. Xavier

1. Voir Annexe I, p. 175.

Darcos, ministre de l'Éducation nationale, qui s'intéresse aux enfants précoces depuis une quinzaine d'années, a adressé le 25 octobre 2007 une circulaire aux recteurs et inspecteurs d'académie (voir p. 175). Il n'est plus nécessaire qu'un enfant soit en grande difficulté pour que l'on commence à s'occuper de lui. Désormais, la prévention de l'échec scolaire est considérée comme également importante et des mesures pédagogiques adaptées doivent être mises en place pour tenir compte des « besoins particuliers » de ces enfants. La prévention est plus facile à gérer que la remédiation.

Cette circulaire souligne également la nécessité de la formation des étudiants des IUFM et des enseignants et donne des pistes pour la prise en charge pédagogique. C'est un gros progrès. Pour la petite histoire, en 1994, 450 invitations avaient été envoyées aux écoles primaires de Paris à l'occasion d'un congrès organisé par l'AFEP : pas un instituteur n'était venu. Aujourd'hui, les médias aidant, le public des congrès est de plus en plus composé d'enseignants et de professionnels de l'enfance en demande de formation. Des chercheurs de renom du collège de France, du CNRS, du CEA, des universitaires émérites se sont intéressés à ce sujet et c'est grâce à eux, à leur prestige et au sérieux de leurs recherches que l'AFEP a commencé d'être entendue. Le ministre de l'Éducation nationale, M. Xavier Darcos, a confié à une commission ministérielle la mission de faire le point sur la situation actuelle en France et à l'étranger et a préconisé des mesures dont les plus importantes concerneront la formation des enseignants et la mise en œuvre de pédagogies adaptées.

Tout cela résulte d'un patient travail de fond qui commence à produire ses effets. La tâche est loin d'être terminée, il reste encore beaucoup à faire pour rattraper le retard de dépistage et de prise en charge de la précocité intellectuelle.

3

La difficulté d'être un enfant précoce

Aussi paradoxal que cela puisse paraître, être un enfant précoce n'est pas toujours un avantage. Devant la difficulté à être en phase avec le commun des enfants et des adultes qu'ils côtoient, certains enfants précoces mettent en place automatiquement divers mécanismes de défense susceptibles de changer dans le temps, en fonction du degré de maturité des capacités de réflexion et de gestion des émotions propre à chacun sous l'effet de l'éducation reçue et de la complexité des diverses situations rencontrées.

Des mécanismes de défense plus ou moins adaptés

□ Qu'est-ce qu'un mécanisme de défense ?

C'est une stratégie élective, plus ou moins consciente, permettant à un individu d'éviter ou de diminuer le niveau vécu de souffrance ou de contrainte d'ordre psychoaffectif, physique ou relationnel. L'utilisation des mécanismes de défense n'a rien de pathologique : c'est une propriété du cerveau que tout le monde possède, comme l'est la capacité de pouvoir s'abstraire du bruit ambiant en rêvassant ou en pensant à autre chose. Les mécanismes de défense sont à considérer comme des outils disponibles dans notre « boîte » crânienne pour faire face à certaines situations dérangeantes ou pénibles. Mais utilisés de manière répétée, ils peuvent devenir gênants pour soi ou pour les autres comme le serait une lourde armure hérissée de pointes acérées portée en permanence.

Voici une liste non exhaustive des divers mécanismes de défense – avec leurs conséquences plus ou moins fâcheuses – les plus fréquemment utilisés par les enfants ou les adultes. Les enfants précoces, plus que les autres, savent les exploiter du fait de leur acuité intellectuelle et leur sensibilité affective :

– intellectualisation → manque de lien affectif, solitude ;

– ennui → exigence, inhibition de l'action, solitude, dépression ;

– agitation → rejet, indiscipline, troubles de l'apprentissage ;

– provocation, rébellion → impertinence, sanction, violence ;

– rêverie → troubles de l'apprentissage ;

– dispersement → peu d'approfondissement ;

– repli → rejet, dépression, marginalisation, solitude, souffre-douleur ;

– conduites d'échec → besoin de maîtrise ;

– troubles obsessionnels compulsifs → besoin de maîtrise, lenteur, échec scolaire ;

– phobies, attaques de panique → claustrophobie, phobie sociale, absentéisme, déscolarisation, dramatisation, hypocondrie ;

– procrastination → tendance à remettre au lendemain ;

– manipulation → séduction, dissimulation, mensonge ;

– inhibition → prudence, anxiété, problème d'apprentissage, procrastination, solitude ;

– surinvestissement monovalent → rétrécissement des champs intellectuels et relationnels.

Les mécanismes de défense doivent être considérés comme des processus « automatiques » plus ou moins « inconscients » qui permettent à un individu de faire face à des situations réelles ou à des représentations mentales imaginaires et fantasmatiques présentant une tonalité affective ou un caractère conflictuel difficiles à supporter. Ils sont les témoins de capacités naturelles du cerveau humain à enregistrer la qualité et l'intensité des perceptions. Ils servent à résoudre les problèmes liés aux événements psychoaffectifs, sensoriels et relationnels douloureux qui assaillent sans cesse chaque individu de manière directe ou indirecte. La maladie, la mort, la violence, les conflits, la frustration, l'ennui sont notre lot quotidien : loin d'être pathologiques, les mécanismes de défense sont nécessaires à notre adaptation à la vie de tous les jours.

□ Du normal au pathologique

La présence de mécanismes de défense, aussi forts soient-ils, n'est donc pas un signe de pathologie, elle ne témoigne que d'une réponse adaptative de l'individu à son milieu. Mais, paradoxalement, une défense réussie, qui ne ferait plus souffrir un individu ou son entourage, reste toujours quelque chose d'assez négatif car cette défense restreint fortement la conscience de soi ou de ses compétences en falsifiant la réalité des choses.

Pour ces « âmes » hypersensibles que sont souvent les enfants précoces, tout est susceptible de faire sens et tout est capable de heurter ou d'exacerber leur sensibilité. Une lecture, une image, une scène dans la rue, une parole mal interprétée, le ton d'une réplique, un regard, un manque d'attention seront autant d'occasions d'être blessé ou de s'exalter[1].

1. Il est intéressant de rapprocher la sensibilité de Léon Tolstoï de celle des

Les mécanismes de défense sont alors, comme nous l'avons vu, des plus variés. Selon les circonstances, ils présentent un caractère plus ou moins gênant ou utile pour le sujet et son entourage. Ainsi un caractère pointilleux, obsessionnel, relativement lent se révèle très précieux en situation d'exigence de qualité de résultat mais *a contrario*, dans un contexte d'urgence, ce même caractère perfectionniste prend la dimension d'une gêne sérieuse, d'une entrave à la décision ou à l'avancement des choses. Il en est de même chez l'enfant.

Si manifestement l'expression d'un mécanisme de défense dérange, handicape ou le fait souffrir, lui et son entourage, il a au moins le grand mérite de le faire repérer comme un jeune en difficulté ou en souffrance. C'est ce que l'on constate notamment chez certains enfants précoces très réactifs dont, selon leur stade de développement psychoaffectif, les stratégies adaptatives peuvent aller du simple repli à l'agitation extrême. Tout symptôme, même bruyant ou invalidant, porte en lui cette fonction qui peut s'avérer très utile : un enfant qui gêne par son non-conformisme aux attentes de l'entourage obligera tôt ou tard les divers intervenants à agir différemment sur lui, poussant parfois sa famille à se remettre en question et à changer sa manière d'être envers lui afin qu'il développe sa bonne dimension et trouve sa juste place.

Parmi tous les mécanismes de défense, il en est un des plus pernicieux pour le développement harmonieux de l'enfant précoce : la normalisation dans le conformisme. Certains enfants précoces très obéissants, dociles, sensibles ou craintifs ont tendance à vouloir se noyer dans la masse, à ne pas faire de « vagues » pour se faire accepter par leurs camarades ou ne pas décevoir leurs parents. En agissant de la sorte, ils

enfants précoces à travers la lecture de sa biographie rédigée par Henri Troyat (*Léon Tolstoï*, Fayard, 1965).

arrivent trop souvent à renoncer à exprimer leurs besoins, leurs talents, pour éviter de se confronter à une situation d'échec éventuel, de critique ou de rejet. Tout occupés et soucieux à l'excès qu'ils sont de vouloir généralement donner l'image que parents, professeurs et camarades attendent d'eux ou à contourner les obstacles, ils perdent de la sorte toute authenticité d'être et d'entreprendre. Ces enfants vont jusqu'à dénier inconsciemment la nécessité d'exprimer leurs émotions et leurs pulsions sous le joug d'un puissant renoncement à vouloir vivre leurs rêves. Ces personnalités à la puissance tout introvertie risquent avec le temps de s'organiser sur un mode pathologique ou bien de choisir l'isolement ou les paradis artificiels des drogues, du virtuel ou de la rêverie. Cette position extrémiste et totalement sacrificielle les mènera selon les cas vers l'échec, l'ennui ou les plongera dans un état chronique d'inhibition ou de dépression avec risque de passage à l'acte agressif ou suicidaire.

D'autres enfants, très inhibés dans leur capacité à pouvoir jouer, se mettent à poursuivre, pour apaiser leurs angoisses, une quête sans fin vers un savoir encyclopédique stérile au caractère très obsessionnel.

On parle de mécanismes de défense pathologiques lorsqu'ils deviennent monovalents, qu'ils présentent un excès ou s'ils ne sont pas congruents au contexte sur lesquels ils s'appliquent. C'est donc essentiellement sur les mécanismes de défense et sur les cercles vicieux avec l'entourage que l'on doit agir le plus tôt possible. Sanctions, exclusions, brimades, négligence ou laxisme sont autant de comportements et de positionnements qu'il faut bannir car ils ne permettent pas à l'enfant ou à l'adolescent de se construire correctement et, de plus, ils renforcent parfois même paradoxalement le mécanisme de défense.

Une estime de soi fragile

Pour être d'un bon soutien, la famille et les enseignants doivent savoir tenir bon. Ils doivent rester patients et surtout s'efforcer, malgré les inévitables déceptions, d'encourager la réussite de ces enfants particulièrement sensibles et compliqués. Croire en eux tout en fixant des limites claires à ne pas dépasser serait la bonne attitude à maintenir sur un très long terme. Rien de plus néfaste pour l'éducation d'un enfant que de s'enfermer dans une conduite qui consisterait à trop le protéger ou à le rudoyer systématiquement.

Leur extrême sensibilité, leur susceptibilité font que les enfants précoces, impressionnables ou parfois traumatisés, rebelles, idéalistes et si sensibles à l'injustice de ne pas être compris et aimés correctement, c'est-à-dire comme ils le voudraient, ont très souvent une estime d'eux-mêmes assez fragile. L'idée d'estime de soi renvoie à la notion de narcissisme, c'est-à-dire à la faculté de s'apprécier tel qu'on est. Elle repose primitivement sur une constitution permanente d'un soi stable depuis l'enfance jusqu'à la vieillesse. Du côté de la pathologie, on observe très fréquemment l'existence de souffrances ou de gênes importantes envers soi-même ou au travers du regard de l'autre parmi les sujets atteints d'une mésestime ou d'une surestime de soi.

Bien sûr, il est assez légitime que tout un chacun souhaite « se sentir bien dans sa peau » pour lui-même d'abord, puis vis-à-vis de l'autre ou du groupe auquel il appartient. Cette aspiration « instinctive » naturelle liée à l'accès au plaisir ou tout au moins à l'évitement des douleurs morales ou physiques explique la tendance générale des personnes à vouloir travailler une bonne apparence et à essayer de se conformer plus ou moins à une norme d'appartenance groupale. Pour beaucoup de sujets, l'application à se donner une bonne ou une certaine apparence représente un moyen relativement facile à mettre en œuvre et assez efficace pour se faire « accepter », « désirer » par les autres. C'est le moyen le plus accessible au moindre coût psychoaffectif et financier surtout quand on est jeune, peu fortuné, peu instruit et donc forcément peu confiant dans ses autres capacités tout juste naissantes. Ceci explique qu'une majorité d'adolescents affichent un relatif conformisme, utilisant artifices et manières de toutes sortes, pour créer un ersatz d'identité sous l'apparence d'une originalité de surface revendiquée, alors qu'ils ne sont encore en leur for intérieur qu'une « matrice » à peine ébauchée.

Si « l'habit ne fait pas le moine », comme l'affirme l'adage populaire, il y contribue néanmoins très fortement par sa capacité à faciliter les contacts et à faire illusion. Il est vrai que les tatouages, les piercings, les grimages, les postures corporelles, les manières de parler, les déguisements tout comme l'usage d'un pseudonyme ou d'une fausse identité, les modes de vie ou de consommation donnent parfois des ailes à certains timides ou frustrés, puisant dans ces us et coutumes, la force de se fabriquer un « permis » pour une « singularité » paradoxale sans fournir trop d'efforts de travail ou de patience. Mais ces manières de faire empruntées ne sont en réalité que des sortes de « prêt-à-porter ». Ces singularisations données en pâture aux jeunes par les modes comme monnaie d'échange en vue d'une meilleure intégration sociale, sont l'apanage le plus souvent, quand elles sont poussées à l'extrême, d'un caractère plutôt immature qu'affirmé dont la caricature est le snobisme de l'« anticonformisme conformiste » des bobos.

Certains enfants précoces n'adoptent pas ou refusent tous ces diktats vestimentaires, comportementaux et langagiers, et sont marginalisés, victimes d'intimidation, de racket, ou désignés comme souffre-douleur par les autres enfants, jusqu'à être pris en grippe par des professeurs qui interprètent très mal leur attitude. Les parents doivent réagir rapidement à certaines mauvaises adaptations au sein des établissements scolaires de manière appropriée en fonction de la gravité des faits, en mesurant toujours la part des responsabilités de chacun, enfant, camarades, enseignants, chargés de discipline.

Il en est aussi certains qui se laissent martyriser sans jamais répondre ni se plaindre à leurs parents pendant des mois, des années. Ils ont une si mauvaise image personnelle qu'ils pensent inconsciemment ne pas mériter le respect et admettent, sans se lamenter, d'être l'objet de brimades comme si elles étaient la conséquence de leur piètre estime d'eux-mêmes. Ils ont honte d'être ainsi traités et préfèrent se taire. Ce n'est alors qu'à l'issue d'un incident majeur ou d'une escalade d'agressions les poussant dans la dépression, l'anxiété, l'agressivité ou la phobie scolaire, qu'est démasqué le harcèlement dont ils font l'objet depuis trop longtemps.

Derrière le silence d'un enfant pris en grippe sans raisons manifestes par ses camarades ou ses professeurs, se cachent le plus souvent des difficultés relationnelles avec ses parents. Une enquête minutieuse pourra mettre au jour une perte de confiance de l'enfant en l'un ou l'autre de ses parents qui manifeste irritabilité, manque d'ouverture d'esprit ou use de sévices corporels, paires de claques et sanctions physiques répétées et exagérées, pour se faire entendre. Mais certains de ces enfants martyrisés sont issus de parents fragiles, anxieux, en conflit ou malades qu'il ne faut surtout pas charger de plus d'inquiétude ou de souffrances. Un recadrage éducatif des parents dans la plupart des cas permettra de soulager rapidement l'enfant et de lui redonner confiance dans ses possibilités de dialogue avec eux et d'affirmation avec les autres.

Une plus grande sensibilité au regard de l'autre

Il faut en général à un adolescent une très forte personnalité et une grande confiance en soi pour ne pas céder par identification exagérée ni au conformisme mimétique de ses parents, ni à celui de l'anticonformisme dictatorial des jeunes de sa tranche d'âge, ni à l'attrait de l'autisme nihiliste.

En réalité, nul ne peut échapper au regard de l'autre qu'il soit réel, imaginaire ou symbolique comme l'a bien démontré Jacques Lacan. Le regard de l'autre nous sert, en effet, de miroir, de borne d'évaluation dont nous devons accepter les contraintes qui, paradoxalement, sont très structurantes. Mais il faut aussi savoir reconnaître ce regard à sa juste valeur afin de pouvoir lutter consciemment contre sa tyrannie exercée sur nous sous la pression des contraintes extérieures et de celles venant de l'intérieur de notre psyché.

Le respect de l'autre et de nombreuses valeurs morales trouvent leur origine dans l'intégration du regard de l'autre, dont les premiers modèles de qualité devraient être les parents. C'est par le regard permanent des autres sur soi que se construit obligatoirement une mesure « réaliste » de l'estime de soi dont la force, selon la personnalité des individus et les moments de l'existence, est susceptible de varier entre une extrême dévalorisation et une excessive survalorisation.

Pourquoi est-ce si important chez les enfants précoces ? Il est clairement établi que le nouveau-né possède des compétences naturelles qui lui permettent de reconnaître certaines formes géométriques sécurisantes évoquant la présence du visage de sa mère[1]. Ces faits poussent à penser qu'il reste

1. Depuis les expériences de R. Spitz (« The Evolution of the Dialogue », M. Schur ed., *Dies, Afect a Behaviour.*, vol. 2, New York, University Press, 1963) et de

toujours chez tout adulte des traces inconscientes de ces « matrices géométriques sécurisantes et organisatrices » tapies au fond de son cerveau comme il existe tout un registre expressif commun de mimiques universellement utilisées par les animaux pour exprimer la peur, la soumission ou l'imminence d'une attaque. Les enfants précoces auraient tendance à posséder des sens très aigus pour capter et analyser les micro-indices non verbaux des personnes qu'ils côtoient. Et ils auraient également trop souvent une fâcheuse propension à les interpréter de manière erronée ou exagérée du fait d'une tendance à la panique ou à la dramatisation.

Les observations et théories des divers spécialistes du développement de l'enfant ont bien mis en lumière l'importance des tout premiers temps de la relation mère-nourrisson qui participent fortement à l'élaboration d'un sentiment de sécurité et de confiance en soi s'appuyant sur la qualité des soins, du regard et des paroles maternelles « maternantes ». *A contrario*, des adultes ayant eu des carences affectives ou des soins inappropriés durant leur prime enfance ont statistiquement de grandes chances d'être porteurs de troubles profonds de la personnalité, psychotique ou borderline, dont les expressions cliniques sont le manque de confiance en soi ou son contraire, une assurance exagérée factice. À l'origine de ces diverses personnalités pathologiques, on retrouve, chez ces sujets, dans leur prime jeunesse, un vécu déstructurant et paniquant de sentiment d'insécurité ou de vide intérieur lors de situations relationnelles douloureuses. Il arrive que de nombreux aléas plus ou moins répétés sur fond de surstimulation, sous-stimulation, ou d'abandon, finissent à la longue par pervertir la construction de l'estime de soi en poussant l'enfant à se fabriquer une carapace caractérielle

C.G. Goren, M. Sarty, P.Y.K. Wu, (« Val Fowing and Paten Discrimination of Face Like Stimuli by Newborn Infants », *Paediatrics, 56,* 1975, p. 44-549).

sous l'influence de divers mécanismes de défense afin de prévenir ou de colmater une angoisse de morcellement. Cette carapace caractérielle s'exprimera selon les sujets et les circonstances sous forme de caprice, bouderie, agitation, inhibition, phobie. Sans intervention précoce, elle a de grandes chances de s'exprimer pleinement à l'âge adulte sous l'effet d'une volonté d'affirmation ou de fuite qui prendra la forme de traits de personnalité à caractère difficile ou pathologique marqués par l'extrême versatilité, la fragilité ou les rigidités.

Mais ces aléas au cœur de la relation précoce mère-enfant sont aussi capables de façonner des êtres hypersensibles, hyperéveillés très intellectuels comme le sont les enfants précoces dont l'attention ne travaille qu'à vouloir exercer une tyrannie narcissique, une tyrannie de l'inquiétude permanente, ou d'emprise sur son environnement pour tenter de contrôler son univers intérieur et extérieur.

Sur de telles bases, on peut mieux comprendre la fragilité de la construction de la personnalité de certains enfants précoces du point de vue psychoaffectif malgré une maturité intellectuelle affichée. Ils sont, tels des géants aux pieds d'argile, susceptibles de se déséquilibrer ou de s'effondrer à tout moment.

Un défaut de mentalisation

Ce risque se situe surtout à des périodes sensibles comme l'adolescence où le psychisme des sujets doit faire tout un travail de réorganisation. Sous la poussée des pulsions et des modifications réelles de son corps et de sa perception liées à l'action des hormones sexuelles et des changements de statut social, l'adolescent se voit obligé, plus ou moins douloureusement, de renoncer à son statut d'enfant irresponsable et dépendant pour développer des capacités d'autonomie et de différenciation fortes et accéder au statut d'adulte équilibré, ce qui n'est pas une mince affaire.

Et justement chez l'adolescent peut s'accentuer l'intellectualisation, comme mécanisme de défense, en tant que recours privilégié pour refouler fortement la question des affects et des pulsions d'un corps qui se manifeste. La vie émotionnelle abrasée, au profit d'un investissement intellectuel démesuré, arrive cependant à s'exprimer parfois très brutalement à travers des passages à l'acte et certains troubles des conduites lors de confrontations répétées avec le réel qui implacablement fait barrage à une représentation idéale de soi et de la vie. L'adolescence est un moment fort où se réactive la capacité du sujet à tolérer la frustration et l'incontrôlable. Une grande intelligence ne s'accorde pas toujours avec une bonne mentalisation. Tout au contraire, cette intelligence hors norme chez les enfants précoces peut servir une pensée totalement dénuée de dimensions affectives. Notons au passage que ces sujets très intellectuels sont en général assez vulnérables dans leur incapacité à exprimer par la pensée et la verbalisation les traumatismes psychiques dont ils souffrent.

Ajoutons qu'un bon nombre de névrosés qui traînent des années leurs symptômes et leurs problématiques existentielles sont probablement d'anciens enfants précoces non reconnus mais surtout mal traités ou englués dans leur toute-puissance négative.

La voie de l'intellectualisation est bien sûr une voie privilégiée par l'enfant précoce, facile à mettre en place en tant que moyen de tentative de contrôle total de son environnement. Dans la mesure où il possède un cerveau capable de bien percevoir et de bien décoder les stimuli favorables ou défavorables, il tente une recherche de renforcement narcissique ou de jouissance d'emprise sur le monde. Cette formation réactionnelle privilégiant l'intellect est à mettre en relation avec la position mégalomaniaque de toute-puissance héritée de la psychologie de la petite enfance qui reste toujours tapie au fond de personnalité de chacun.

Si l'enfant précoce peut parfois donner l'impression d'être au premier abord un petit tyran, sa mégalomanie se révèle en général très respectueuse des autres et ne s'applique qu'à lui-même sous forme d'exigences de réussite et de perfection. Souvent perçu à tort comme suffisant ou outrecuidant, il est en réalité plutôt un être tourmenté par un besoin de perfection qui le paralyse notamment dans l'exécution comme on peut le voir dans la pratique du dessin ou d'un sport collectif. Partagé entre son désir de réussir, sa lucidité quant à son imperfection et son avidité de reconnaissance, il préférera parfois se dévaloriser ou ne rien faire plutôt que de s'apercevoir qu'il ne maîtrise pas une activité ou que la voie empruntée est à ses yeux beaucoup trop longue à poursuivre.

C'est en cela qu'il faut là encore alimenter l'estime de soi des enfants précoces en les renforçant, les poussant, les soutenant sans pour autant les porter aux nues ni trop les brusquer. C'est un art extrêmement difficile et délicat.

Bien entendu les mécanismes de défense contre l'angoisse ou la dépression ne sont pas l'apanage des enfants précoces mais ils présentent chez eux le caractère d'être parfois plus tenaces ou de changer de formes d'expression tant que les cercles vicieux qui les maintiennent ne sont pas démontés. Et à l'adolescence, ils peuvent être d'autant plus insidieux : l'enfant dispose alors de suffisamment de moyens cognitifs pour exploiter les failles de la famille, de l'école, de la société qui tentent de l'éduquer ou de le contraindre.

L'angoisse des enfants précoces

Avant d'aller plus loin, il faut bien intégrer que l'angoisse n'est aucunement spécifique d'une quelconque maladie mais témoigne d'un débordement du système nerveux dans ses aptitudes à gérer la perception de la réalité et la résolution des situations stressantes ou conflictuelles.

□ Des questions existentielles

On constate chez les enfants précoces une prise de conscience beaucoup trop précoce de la dureté et des incohérences de la vie alors que leur capacité à mettre en place des mécanismes de défense suffisamment efficaces n'est pas encore assez forte pour absorber sans dommages le bombardement des stimuli complexes qu'ils reçoivent. L'origine de ce manque de mécanismes de défense serait à mettre sur le compte d'une immaturité neurologique cérébrale de certaines régions impliquées dans la régulation ou le filtrage des stimuli. Autrement dit, chez les enfants précoces existerait un déséquilibre fonctionnel cérébral dû à un développement trop avancé des structures frontales impliquées dans les capacités de perception et de traitement de l'information et un retard manifeste dans la mise en place de structures modératrices assez puissantes pour atténuer la surstimulation du système nerveux : ce sont ces structures modératrices qui permettraient de choisir et d'utiliser le plus correctement possible le ou les mécanismes de défense les mieux adaptés aux diverses situations rencontrées tels le déni, la dénégation, le refoulement, sans pourtant s'y enfermer chroniquement. Cette thèse serait étayée par l'existence d'une grande proportion d'anciens enfants précoces conservant des souvenirs très précis de leur toute petite enfance, alors que l'on observe chez la plupart des enfants une amnésie infantile assez importante voire totale de ces périodes.

Chez d'autres enfants précoces, notamment inhibés ou très névrosés, on peut en revanche émettre l'hypothèse inverse de la présence prématurée de mécanismes de défense si puissants qu'ils empêchent leur développement harmonieux dans l'expression salutaire de leurs pulsions, de leurs conflits. On peut rapprocher ces mécanismes de défense au caractère inhibant de ceux mis en place chez beaucoup de sujets dits résilients qui ont eu une enfance difficile et qui ont pu néanmoins en surmonter les affres sans trop de dégâts apparents.

Cependant il est dommageable de favoriser des mécanismes de défense adaptatifs sans prendre en compte la psychologie fine du sujet et ses capacités à résoudre profondément les situations conflictuelles. Cette attitude équivaudrait à balayer la poussière sous le tapis. L'enfant est souvent pris dans un jeu de forces au travers des générations dont il perçoit plus ou moins confusément les répercussions sur l'équilibre psychologique de ses parents. Empêtré dans des conflits de loyauté et de culpabilité qui l'invitent à les préserver, il préférera selon les cas prendre sur lui, nier sa souffrance ou s'effacer afin de préserver un semblant d'équilibre familial.

Il existe une autre source à l'origine des sentiments d'angoisse et de dépression. Le psychiatre Olivier Revol décrit sous le terme d'« effet sentinelle » un processus affectif et cognitif qui pousse à leur insu certains enfants précoces à ressentir sous forme d'angoisses diffuses des catastrophes imminentes ou à venir[1]. De manière générale ils se posent souvent beaucoup trop tôt des questions existentielles concernant la sexualité, la mort, la maladie, la guerre,

1. Olivier Revol, *Même pas grave*, Jean-Claude Lattès, 2006.

l'injustice, les problèmes humanitaires pour pouvoir rester vraiment sereins ou insouciants. Cette tendance à trop percevoir et à réfléchir sur les tenants et aboutissants des choses et des êtres invite nombre d'entre eux à trouver des problèmes là où il n'y en a pas ou peu. Leur vigilance excessive les amène à se construire une représentation dramatique de la vie, source d'inquiétudes permanentes à l'origine d'une anxiété généralisée qui peut induire phobies et troubles obsessionnels compulsifs.

□ Des troubles très disparates

Tandis que certains enfants précoces développent une curiosité angoissante sur les thèmes existentiels, d'autres ont plutôt une propension à critiquer, à provoquer à la limite de l'impertinence. D'autres enfin se dispersent dans de multiples activités peu ou mal approfondies. Ils sont tantôt bâcleurs, tantôt perfectionnistes, selon l'intérêt porté à la chose. Parfois aussi ils se réfugient dans l'isolement, la rêverie, manifestant un refus de s'identifier aux préoccupations des jeunes de leur classe d'âge, préférant les plus petits dans une attitude de protection ou les plus grands par avidité intellectuelle. On peut encore relever une tendance au repli dans la famille ou dans des groupes marginaux.

L'apparition de certains de ces signes peut être liée à un bain familial et culturel où sont négligées les dimensions artistiques ou autres au profit quasi exclusif des activités intellectuelles considérées comme plus valorisantes ou plus utiles. C'est ici qu'il est souhaitable, le plus tôt possible, d'inciter les enfants précoces à faire des travaux manuels ou du sport. Comme l'expliquent L. Lebihian et S. Tordjman[1],

1. L. Lebihain et S. Tordjman, « Approches psychopédagogique des enfants », *Neuropsychiatrie de l'enfant*, 2006.

« apprendre à travailler, à se conformer à des règles et acquérir une certaine rigueur sont autant de contraintes auxquelles ils s'adaptent souvent mal. Là où d'autres enfants persévèrent pour trouver la solution, ils lâchent vite prise, démunis face à une difficulté parfois minime ».

Pourquoi observe-t-on des signes aussi disparates ? Par la conjugaison de divers mécanismes de défense mis en jeu par l'enfant précoce en fonction de ses particularités et du milieu familial dans lequel il vit. Il est à noter que tous les signes cités n'ont absolument rien de spécifique et qu'ils ont généralement tendance à évoluer avec l'avancée en âge de l'enfant, en s'accentuant ou s'estompant sur des périodes plus ou moins longues. Parfois, certains n'apparaissent qu'à l'adolescence avec la maturité intellectuelle. On sait à quel point un enfant ou un adolescent peut se comporter différemment selon les interlocuteurs et les milieux rencontrés, tantôt sage ou perturbateur, obéissant ou opposant, attentif ou rêveur, désinvolte ou sérieux, travailleur ou paresseux. Les enfants repèrent en général très vite les limites à ne pas dépasser et les failles du système éducatif dans lesquelles ils tendent à s'engouffrer si l'on n'y fait pas barrage immédiatement. Avec les enfants précoces, ce phénomène est souvent malheureusement exacerbé, rendant certaines situations intenables. Il faut alors rapidement réagir en faisant preuve de fermeté et de compréhension. En général, les enfants précoces sont assez sensibles à une argumentation rationnelle. Cependant, quelquefois, il arrive que s'engage un processus destructeur très pernicieux pour les enfants ou leur entourage, tant certains enfants précoces sont capables de jouir consciemment ou inconsciemment de situations conflictuelles.

Les défauts de leurs qualités

Un nombre important de comportements troublants, surtout quand ils sont associés entre eux, en proportions variables, sont assez évocateurs de précocité :

– Les enfants « surdoués » possèdent un traitement de l'information plus rapide, plus intuitif et une meilleure mémoire en qualité et quantité qui les favorisent dans les apprentissages scolaires mais qui créent des angoisses par trop d'abondance.

– L'humour est un mécanisme de défense souvent utilisé par ces enfants et adolescents précoces intellectuels hypersensibles. S'ils utilisent habilement l'humour et le comprennent assez bien, il en est autrement quand ils en sont la cible, faisant d'eux des êtres souvent relativement susceptibles et mauvais joueurs.

– Ils sont excessifs et il leur arrive d'en faire trop.

– Leurs fréquentes réussites sans efforts, sous formes de fulgurances, peuvent être un frein au développement d'une bonne capacité à raisonner, à ordonner leurs savoirs.

– Leur hyperlucidité peut être un atout pour discriminer au sein d'une situation, notamment sociale ou relationnelle, les tenants et les aboutissants des choses mais aussi être source d'inquiétudes.

– Leur hypervigilance les pousse à la dramatisation dont témoigne la fréquente présence de troubles pathologiques, dépressions ou phobies, entre autres.

– Raisonnant essentiellement selon la « loi du tout ou rien », ils peuvent se bloquer ou s'effondrer devant des épreuves à réaliser nécessitant un apprentissage par essais et erreurs, un certain effort de travail ou une bonne dose de patience.

– Bien des enfants précoces ont des difficultés à savoir accepter les explications ou réponses approximatives que distille notamment l'enseignement scolaire. Gênés par les contradictions constatées entre les savoirs scolaires et spécialisés qu'ils puisent ici et là sur Internet, dans des documentations ou des conversations, ils risquent de se braquer ou de contredire sans nuances le déroulé d'un cours, mettant en difficulté certains enseignants peu disposés à ce type d'intervention.

– Leur acuité et rapidité psychique, couplée à une propension à l'impatience, les amène à couper la parole, privilégiant parfois la réponse directe et synthétique aux longues argumentations. Quand ils essaient de s'expliquer sur un sujet, ils peuvent être volontiers elliptiques dans leurs argumentations, créant des incompréhensions ou des interprétations à l'origine de grosses difficultés relationnelles.

Certains enfants précoces utilisent savamment leur intelligence et leur capacité à discourir pour remettre en question les règles et les lois qui leur semblent arbitraires ou absurdes. Il leur arrive parfois d'aller si loin dans cette manière de faire qu'ils passent pour des êtres trop sûrs d'eux, outrecuidants, et pour ceux qui osent s'affirmer haut et fort, ils courent le risque d'être taxés d'arrogance et de suffisance. Il est indispensable de faire comprendre à ces amoureux inconditionnels du vrai et du juste que toute vérité n'est pas bonne à dire et que ce n'est pas le chemin le plus facile, que celui qui est à contre-courant.

– Très curieux et ouverts à l'exploration, beaucoup d'enfants précoces se dispersent et se limitent à un raisonnement superficiel, surtout si un sujet ou une matière ne les intéressent pas. *A contrario*, ils sont capables d'acharnement au travail si, par chance, ils se découvrent une passion ou si on arrive à leur présenter des activités allant dans le sens de leur intérêt. Dans certains cas, cet investissement est si massif qu'il compromet grandement d'autres secteurs d'apprentissage nécessaires à une construction harmonieuse du savoir et à un bon équilibre de la personnalité.

– Très éveillés et assez conscients de leur force psychique, certains enfants précoces ont du mal à supporter l'autorité qu'ils tendent à décrier, à défier frontalement ou à contourner.

– Capables de saisir très tôt la complexité du monde, et assez critiques sur la raison des manières de faire et d'être, il leur est difficile de se plier au conformisme ambiant. Ainsi, ils se sentent souvent décalés par rapport aux autres jeunes. De là peut découler un vif sentiment de ne pas être normal, d'être rejeté, engendrant un vécu de solitude profonde.

L'ensemble de ces diverses spécificités comportementales peut provoquer d'énormes difficultés personnelles ou interpersonnelles. Un enfant dérangeant, différent, perturbateur, sera en général vite repéré, catalogué, mis à l'écart, rabroué ou sanctionné. Il pourra selon son éducation et son degré de sensibilité à l'injustice, selon ses mécanismes de défense, s'enfermer dans l'opposition active ou passive, dans la provocation, la démotivation ou sombrer dans la dépression. Il est préférable d'agir de manière préventive, le plus tôt possible avant qu'un trouble ne s'installe trop profondément. Tenter de combattre un trouble bien installé et ayant provoqué des cercles vicieux, pousse assez souvent l'entourage non averti à réagir de façon inappropriée ce qui renforce le trouble et alimente le cercle vicieux.

4

L'enfant précoce en famille

Quelles sont les diverses réactions possibles de l'entourage familial lorsqu'un enfant est reconnu précoce ? Il est bien évident que le diagnostic de précocité intellectuelle va modifier, dans une certaine mesure, la dynamique de la famille et le vécu de l'enfant. Les parents vont le plus souvent se poser de multiples questions autour de ce qu'il est bon ou pas bon de faire pour cet enfant à l'intelligence si particulière.

La formation de sa personnalité

De nombreux spécialistes insistent sur le rôle primordial dans l'enfance de la relation mère-nourrisson. Dans notre société actuelle où la femme exerce une profession au même titre que l'homme, il convient d'y associer également le père. Les tâches éducatives de la toute petite enfance sont partagées. Le père donne le biberon, se lève la nuit quand le nourrisson pleure. Il sait le langer et le bercer. Quand l'enfant grandit, il le conduit à l'école, l'aide à faire ses devoirs, fait du sport avec lui. Il est beaucoup plus présent que n'étaient les pères il y a encore quelques années. Il faut tenir compte de cette évolution pour apprécier le rôle des deux parents et leur impact sur la formation de la personnalité de l'enfant.

□ Une propension à la manipulation

C'est dès le biberon que ces enfants aux sens en alerte apprennent à « manipuler » leur entourage dont ils détectent les moindres failles éducatives et comportementales. Il ne faut pas voir dans ces comportements l'action d'une quelconque intention malicieuse, quelque « diablerie », mais plutôt chez eux un traitement automatique de l'information mis à leur disposition pour satisfaire leurs besoins immédiats. Un enfant de moins de quatre ans n'a pas de notions morales qui lui permettraient de s'autodiscipliner.

Les discours moralisateurs n'ont absolument aucun effet sur les jeunes enfants ; seules des sanctions adaptées et mesurées sont à même de les recadrer rapidement. Or la plupart des mères sont souvent par nature protectrices, indulgentes. Elles se contentent, par exemple, de plaindre leur enfant émotif ou exigeant qui n'arrive pas à se faire de petits camarades à l'école. Dans d'autres cas, de crainte de brimer leur enfant, ces mères laxistes ne sont pas assez strictes. Ou, tout au contraire, de peur de se laisser déborder, elles sont colériques ou sévères, deux positions extrêmes qui participent grandement à fixer et renforcer des mécanismes de défense difficiles à faire disparaître avec le temps. Ainsi s'instaurent de véritables cercles vicieux.

À la décharge de ces mères, nous attestons que certains enfants précoces sont difficiles à élever parce que trop vifs, trop émotifs et trop intuitifs. L'enfant précoce aurait cette capacité déconcertante de « comprendre » et de mémoriser très vite, dès le stade nourrisson, les relations de cause à effet entre les événements et les êtres. D'où l'émergence rapide et précoce de troubles relationnels et comportementaux qui peuvent disparaître du jour au lendemain quand le nourrisson ou l'enfant a rapidement et parfaitement « saisi » comment s'y prendre pour bien « manipuler » son entourage en vue de satisfaire tous ses besoins. Et cette émergence peut être provoquée, dans certains cas, par une situation ou un oubli banals gravés dans la mémoire de l'enfant qui va ensuite générer des exigences, des caprices ou des peurs excessives rendant la relation difficile, fatigante.

L'enfant « normal » possède un système nerveux moins réactif et un traitement de l'information plus simple. Il réagit, face au même événement, moins violemment que l'enfant précoce et demande habituellement une plus grande répétition d'incidents pour développer d'éventuels troubles relationnels ou comportementaux. Rien en fait ne distinguerait l'enfant précoce des autres enfants sinon cette aptitude à apprendre très vite voire trop vite.

□ Des soins « suffisamment » bons

L'éducation d'un enfant débute dès la naissance avec la manière dont on donne au bébé son biberon qui ne devra être donné ni trop tôt ni trop tard. Mais aussi dans la manière de le choyer, de le porter, de lui parler ou de le langer. Chacun fait ce qu'il peut en matière d'éducation selon sa propre éducation ou en fonction des « bons » conseils éducatifs dans l'air du temps. Beaucoup de jeunes mères agissent selon ce fameux instinct maternel. Mais qu'en est-il en vérité ? Dans nos sociétés occidentales modernes où la famille élargie a massivement disparu ou s'est éclatée au profit du développement personnel, beaucoup de jeunes mamans et de jeunes papas, isolés de leur culture d'origine, expérimentent des recettes ou des idées personnelles aux effets éducatifs délétères dont ils ne mesurent les conséquences qu'*a posteriori*.

Mieux vaudrait en ce domaine prévenir que guérir. C'est pourquoi il serait utile de sensibiliser les médecins, les sages-femmes, les puéricultrices ainsi que toutes les futures mères et pères à l'importance préventive de prodiguer des soins « suffisamment bons » comme le disait Winnicott. Toute mère, tout père, dès la naissance de son enfant devrait pouvoir à la fois le protéger et l'éduquer en douceur afin de l'amener progressivement vers l'autonomie comme le recommande Jean-Luc Aubert[1]. Il convient d'exercer une éducation équilibrée à travers le juste maniement de la frustration des besoins physiologiques, affectifs et intellectuels de son enfant au cours de son développement. Dès le plus jeune âge, l'enfant doit être confronté à la frustration pour ne pas être déstabilisé par les inévitables frustrations auxquelles il sera confronté dans la vie.

Il faut parallèlement lui procurer un sentiment de sécurité intérieure par le biais d'une présence et de soins adaptés selon sa croissance affective et intellectuelle.

Le destin scolaire des enfants précoces est en général très fortement corrélé à la capacité des adultes à les encadrer et les encourager. Un manque de sentiment de soutien, une trop grande rigidité éducative pour ces enfants hypersensibles au fonctionnement si particulier, peut avoir des conséquences des plus désastreuses sur leur capacité à s'investir dans les processus d'apprentissage et d'acceptation d'une certaine discipline. Sans interventions spécifiques, il leur arrive de s'enferrer dans des troubles comportementaux majeurs et de rater leur scolarité et leur vie par sentiment d'abandon ou de rébellion.

Winnicott disait avec humour et malice qu'une « bonne mère ordinaire » était avant tout une « mère suffisamment bonne ». C'est donc à travers ce jeu de va-et-vient entre des

1. Le titre de son livre est des plus pertinents : *Du berceau à l'école, Les chemins de la réussite*, Albin Michel, 2000.

soins de proximité et un lâcher-prise que l'enfant va acquérir et consolider un sentiment de tranquillité intérieure tout en se détachant progressivement de sa mère nourricière, et plus tard de son père, ce qui lui permettra en grandissant de pouvoir explorer le monde de manière autonome, armé d'une bonne confiance en soi, estime de soi et confiance en l'autre suffisante dénuée de naïveté.

□ S'astreindre au dialogue

De nos jours de plus en plus de parents et d'enseignants sont confrontés quotidiennement à des problèmes d'indiscipline et d'agitation résistant à toutes mesures punitives ou raisonnantes. Certains enfants turbulents, intégrés dans des établissements laxistes, contaminent par effet d'imitation les autres enfants. Nous devons admettre que nous n'avons vraiment plus les mêmes enfants, ni les mêmes parents, ni les mêmes établissements scolaires et encore moins la même société qui avait accueilli nos parents. Si le mouvement de Mai 1968 a pu initier une levée salutaire des carcans sociétaux, il a aussi créé auprès de jeunes grands-parents, ou futurs parents, une modification comportementale avec le slogan révolutionnaire : « Il est interdit d'interdire. »

Si nous n'avons plus les mêmes enfants qu'autrefois, il est donc désormais illusoire de vouloir revenir en arrière en tentant de remettre au goût du jour de vieilles recettes qui ont été certes autrefois très efficaces mais sur des populations formatées différemment. Cependant, il ne faudrait pas baisser les bras ni succomber au laxisme du laisser-faire désabusé. C'est en cela que la pédagogie a le devoir de résister. Il est important de valoriser les liens de qualité de la famille, terreau sur lequel pousse le petit de l'homme, qui a été trop abîmé par la progression d'une non-disponibilité parentale sous les effets conjugués de la pression économique et de l'éclatement des familles. En revanche, il ne faudrait pas succomber à la tentation de s'y replier, sauf dans des familles élargies. Pour échapper au repli familial, parfois étouffant et sclérosant, une solidarité de proximité s'avère indispensable en vue de consolider l'idée de la confiance en soi et dans les autres.

Une bonne éducation se doit de lutter contre l'agressivité, qui peut être salutaire dans certaines situations. Il est une agressivité normale et nécessaire qui participe à la formation d'un Moi fort très utile pour savoir se défendre et s'imposer dans la vie adulte. Tous les spécialistes de l'enfance reconnaissent que l'enfant souffre-douleur à l'école n'a pas su utiliser cette agressivité protectrice conduisant à la confiance en soi.

L'observation montre qu'un enfant ne peut intégrer correctement son agressivité naturelle que s'il trouve en face de ses manifestations agressives un adulte équilibré qui lui oppose une limite à ne pas dépasser et à respecter. Ce n'est que dans la mesure où cet adulte reste équilibré et juste dans ses réponses qu'il sera considéré par l'enfant comme respectable dans ses paroles, ses faits et ses gestes. Alors s'opérera une assimilation naturelle des consignes éducatives sous l'effet d'un double processus mêlant l'intégration et l'identification et non sous celui de l'obéissance feinte générée par la crainte de sanctions à travers des mauvais traitements, brutalités physiques et verbales ou chantages affectifs. Quand l'agressivité de l'enfant rencontre un obstacle, cela lui permet de trouver ses propres limites qui vont le rassurer en tant qu'être au monde reconnu dans ses besoins ou ses souffrances. Ainsi, paradoxalement, on pourrait se dire qu'une « bonne fessée bien méritée » arriverait à calmer et à soulager tout le monde sans en passer par d'interminables reproches ou explications qui laissent toujours place à une échappatoire. Mais cette attitude n'apporterait qu'un peu de répit de courte durée, car les brimades n'ont pas d'effet à long terme sur les enfants précoces. Il faut donc s'astreindre au dialogue.

□ Une solide image du père

Le laxisme, tout comme la tolérance zéro, empêche l'agressivité naturelle de se métaboliser sainement et pousse au sadomasochisme sous forme de soumission ou de sacrifice morbides. Une attitude permissive systématique ne favorise aucunement l'enfant à reconnaître les bornes à respecter, à intégrer des règles ou la loi. Il est donc nécessaire que l'image du père en tant qu'instance séparatrice et socialisante soit dans le discours de la mère suffisamment forte pour que l'enfant, le garçon notamment, n'ait pas besoin de se limiter par l'autopunition.

Si l'attachement à la mère est la conséquence normale des satisfactions reçues précocement, l'attachement sécurisant au père vient de sa stature équilibrée qui en fait un modèle envié, à imiter, un idéal dont on va chercher à posséder les qualités par identification. Bien sûr, un jour cet idéal devra être nécessairement démythifié afin d'atteindre l'âge adulte.

Un père est très naturellement admiré par son enfant et pour cela il ne doit pas démissionner même si les circonstances personnelles ou sociales le poussent parfois à être disqualifié ou à se disqualifier. C'est ainsi que l'on voit beaucoup de pères touchés par le divorce, le chômage ou la maladie perdre leur fonction structurante. Peu d'hommes sont, en effet, vraiment capables devant l'adversité de conserver cette stature phallique puissante et équilibrée sans tomber dans la caricature du *winner* despote ou indifférent[1].

Une bonne éducation devrait tendre à accorder ces schémas de développement avec le matériel pédagogique approprié que l'enfant doit apprendre et expérimenter[2]. Dans

1. Cf. le film : *Little Miss Sunshine*, de Jonathan Dayton (2005).
2. Jean-Pierre Changeux, *L'Homme de vérité*, Odile Jacob, 2002.

l'idéal, une bonne instruction morale ne devrait pas se faire trop tard si l'on veut que certaines notions fondamentales soient vraiment intégrées au fond de la personnalité de nos enfants. Il existe un âge clef pour cet apprentissage qui est celui de la préadolescence, à partir de neuf ans jusque vers treize ans. Une morale distillée trop tardivement ne serait qu'une prothèse abandonnée à la moindre occasion.

Il faut aider l'adolescent à choisir dans le respect de sa jeune liberté. Si les parents ne savent pas remettre les choix accessoires et secondaires à leur place, en montrant qu'ils ne sauraient être confondus avec le choix des valeurs essentielles, l'adolescent ne peut que s'égarer. Il a surtout besoin de clarté.

Le développement de son autonomie

Qu'est-ce que l'autonomie ? C'est la capacité d'un sujet à reconnaître et satisfaire ses besoins affectifs, intellectuels, matériels à court, moyen et long terme sans dépendre d'autrui tout en restant en lien avec les autres. Dans cette perspective, un enfant ne peut être autonome puisque, tout petit, il dépend entièrement de ses parents. L'accès à l'autonomie nécessite beaucoup de patience et un travail constant sur l'enfant et l'adolescent et ne pourra se faire que progressivement pour devenir un adulte équilibré. Sa construction demande la synergie de l'ensemble des qualités et conditions suivantes :

– la nécessité d'une bonne connaissance de soi tant de ses points forts que de ses faiblesses ou ses lacunes ;

– l'acquisition du sens des responsabilités ;

– un apprentissage précoce du sens de l'organisation et de la méthode ;

– un projet de réussite lié à l'apprentissage ;
– la reconnaissance des bénéfices de l'effort de travail ;
– la nécessité d'un bon équilibre psychoaffectif et relationnel au sein de la famille et avec les enfants de sa tranche d'âge.

□ Les dépendances

Souvent tenu à l'écart, en butte aux quolibets ou aux brutalités à cause de sa différence, selon son tempérament, l'enfant précoce peut soit se replier sur lui-même, soit chercher refuge auprès de ses parents qui, malheureux de sa souffrance, ont tendance à le surprotéger. Il se crée alors une dépendance à des soutiens et des protections comme autant de refuges les empêchant de s'autonomiser. Chaque fois que l'enfant aura du chagrin, il retournera au nid et ne se fera pas les griffes nécessaires à sa défense. Parfois la situation nécessitera l'intervention d'un psychologue et l'enfant, heureux de pouvoir se confier, attendra avec impatience les séances de thérapie. Il risquera alors de devenir dépendant du psychologue.

Puis vient l'adolescence.

L'adolescence est un moment normalement difficile à vivre pour tous les jeunes qui ne sont plus tout à fait des enfants mais pas encore des adultes. Difficile aussi pour leur entourage, en particulier pour les parents. C'est le moment où, pour s'affirmer, l'enfant doit se dégager de l'emprise familiale. Plus il y aura de résistance à son besoin d'émancipation et plus la révolte sera violente. Il est tatillon sur le langage utilisé par les siens : ce n'est jamais le mot approprié. Son code social, ses intérêts, ses choix politiques, ses lectures, ses vêtements, tout est contesté. L'enfant sait bien qu'il est injuste mais il ne peut s'en empêcher. Il culpabilise et se rend encore plus odieux. En fait, c'est un âge où lui-même se déteste de ne pas réussir à mener à bien son combat.

Et pour l'enfant précoce, c'est encore plus compliqué. Il est très en avance sur son âge et il peut très tôt assurer sa rébellion intellectuelle. Il argumente, ergote, trouve toujours le défaut de la cuirasse chez les autres et ne se prive pas de porter l'estocade là où ça fait mal. Mais physiquement, il n'a que son âge et comme pour lui l'adolescence commence vers neuf-dix ans, son corps n'a pas subi les transformations de la puberté. Affectivement, à cause de sa grande sensibilité, il souffre du mal qu'il fait et il a besoin d'un réconfort incompatible avec son désir d'indépendance. C'est une tête adulte dans un corps d'enfant au cœur de bébé ! Cette dyssynchronie l'entraîne à tous les excès qu'il ne peut assumer. Il repousse l'accompagnement qui lui serait nécessaire pour traverser le gué.

Au collège, c'est le moment où il aurait le plus besoin de s'identifier au groupe mais c'est aussi le moment où il est le plus vulnérable et le plus exposé aux risques d'addiction.

□ Les sectes

Parmi les addictions les plus dangereuses auxquelles sont exposés les adolescents figurent les sectes. Elles ont pour terrain de prédilection les personnalités fragiles à la recherche de gens susceptibles de les comprendre. Ce sont des proies faciles. Les membres des sectes manifestent de l'affection au sujet convoité, écoutent ses confidences, l'approuvent et, petit à petit, l'isolent des siens. Quand il n'a plus de support hors la communauté, commence alors le lavage de cerveau et pour le jeune, la peur que ce groupe qui l'a accueilli et dont il ne soupçonne pas la malveillance ne le rejette puisqu'il n'a plus personne vers qui se tourner. La pression sur lui est forte et, entretenu dans un sentiment de culpabilité, il est prêt à tout pour continuer de faire partie de ce groupe.

Depuis quelques années, les sectes chassent sur le terrain des enfants précoces. Misant sur leur possibilité d'acquérir plus tard des situations professionnelles florissantes, elles investissent sur ce vivier de potentialités financières qu'elles s'appliqueront à ponctionner.

Quels sont les signes qui peuvent alerter les parents? L'enfant change d'habitudes vestimentaires et alimentaires, n'a plus le même rythme de sommeil, ne s'intéresse plus à ce qui précédemment le passionnait, réclame de l'argent à ses parents dont on ne sait pas ce qu'il fait : s'il se confiait facilement, il ne le fait plus.

□ La drogue

C'est également une dépendance dangereuse. Un enfant qui prend des drogues n'est plus en état de suivre des cours. Il s'affale sur sa table, commence à s'absenter, traîne derrière lui une odeur entêtante, n'a plus d'appétit, dort mal, se laisse aller. Sous l'empire de la drogue, le sujet se sent dégagé de tout souci et atteint un bien-être factice. Il plane. Le retour à la réalité est si douloureux qu'il fera n'importe quoi pour se procurer de la drogue et retrouver cet état semi-comateux. La prise sera de plus en plus fréquente et aucun raisonnement ne pourra faire quoi que ce soit pour le dissuader de continuer. Il faut agir vite avant que l'accoutumance ne soit installée. Il est aussi difficile de se désintoxiquer que de s'affranchir d'une secte.

□ L'alcoolisme

Les éducateurs ont constaté une recrudescence de l'alcoolisme chez les jeunes depuis quelques années. Tant qu'il ne s'agit que de quelques verres le samedi soir entre amis, ce n'est pas très grave à condition de ne pas prendre un véhicule. Mais il est bien connu que l'alcool procure pendant un moment une situation de bien-être qui sera payée chère une fois dégrisé. Le danger, c'est que l'adolescent malheureux, mal dans sa peau, ne soit tenté de boire régulièrement pour oublier et ne devienne alcoolique. Toute addiction est dure à corriger.

□ La cyberaddiction

Le risque d'être rejeté met dans un état d'insécurité qui empêche toute relation confiante. La relation avec l'ordinateur ne peut décevoir ni se dérober. C'est en cela qu'elle est recherchée par l'enfant précoce qui redoute d'affronter le monde extérieur L'inconvénient, c'est que le comportement social s'en ressent et que l'enfant s'enferme dans une solitude dont il a de plus en plus de mal à s'abstraire. L'homme est un animal sociable qui ne peut pas passer sa vie rivé à un robot. Cependant certains jeux pratiqués avec modération participent à développer des compétences instrumentales, intellectuelles et sociales

□ Que peuvent faire les parents ?

Garder confiance en leur enfant quoi qu'il arrive et que celui-ci en soit persuadé. Qu'il sache que la maison sera toujours ouverte pour lui et que l'amour parental est inconditionnel.

Mais ils ne pourront pas toujours le protéger. Tant pis s'il prend des coups. Il faut qu'il s'endurcisse, qu'il se forge le caractère. Le meilleur moyen de lutter contre ces dépendances dangereuses pour sa santé, c'est de pouvoir l'aider à devenir autonome, c'est de lui apprendre à se défendre en milieu plus ou moins hostile et c'est aussi de l'armer pour la vie en favorisant sa liberté de penser, sa liberté d'expression, son insertion sociale et professionnelle. En somme, l'aider à vivre en société et à gagner son autonomie matérielle et affective.

Nombre de surdoués adultes ont acquis cette autonomie matérielle, professionnelle, intellectuelle mais restent complètement dépendants affectivement toute leur vie. Même éloignés géographiquement de leurs parents, ils agissent comme ils imaginent que leurs parents auraient aimé qu'ils agissent, font des choix qui ne sont pas les leurs, s'en veulent et en veulent par la suite à leurs parents qui n'y sont pour rien.

La difficulté d'être le parent d'un enfant précoce

L'enfant précoce peut être déroutant dans son comportement. Aussi les erreurs éducatives sont-elles fréquentes. Ainsi, selon leur maturité, on peut observer, dans les cas extrêmes, soit une survalorisation de l'enfant considéré comme un être exceptionnel porteur d'espoir qu'il faut protéger à tout prix, soit une dévalorisation de l'enfant totalement dénigré ou harcelé surtout en cas de difficultés scolaires ou de rivalité œdipienne entre lui et son parent de même sexe.

□ Trop ou pas assez d'investissement parental

Il y a donc des parents qui en font trop et ceux qui n'en font pas assez. Ces types d'attitudes diamétralement opposées renvoient en général à des conflits psychiques parentaux non liquidés projetés sur la filiation.

Certains, père ou mère, ayant une pauvre estime de soi et peu de réussite professionnelle seront, selon leur tempérament, portés à s'identifier à leur enfant en le poussant excessivement dans ses talents, ou tentés de le « casser », de blesser son estime de soi par rivalité inconsciente.

D'autres, fiers d'avoir un enfant intellectuellement précoce vont en revanche le stimuler beaucoup trop. Par cette attitude, ils risquent de l'empêcher de grandir émotionnellement à son rythme naturel. Les surstimulations ont tendance à créer une agitation et une angoisse peu propices au bon déroulement des processus d'apprentissage. Au sein de la fratrie, si les frères et sœurs ne sont pas précoces, on peut observer des conflits, des rivalités gâchant l'ambiance familiale.

Dans certains cas, on voit des enfants précoces renoncer inconsciemment à leurs dons afin de rester au même niveau de compétences que leurs parents ou frères et sœurs dans le souci de se faire aimer normalement ou de ne pas les humilier. C'est notamment ce que l'on voit dans certaines familles très modestes ou dans celles où un autre membre de la fratrie est frappé par une maladie, un trouble manifeste du comportement ou un handicap mental ou physique.

□ Les frères et sœurs de l'enfant précoce

La présence d'un enfant intellectuellement précoce dans une famille peut selon les cas passer inaperçue, être masquée par des contre-performances scolaires ou générer des troubles relationnels entre frères et sœurs du fait de jalousies et de rivalités toutes naturelles. On observe ainsi de nombreux cas de figure dont la complexité est à mettre sur le compte des interactions des différents mécanismes de défense qu'utilise chacun des membres d'une fratrie pour s'attirer les faveurs, l'attention et l'affection de ses parents. Les familles qui comptent un enfant ou plusieurs enfants précoces ne sont sur ce plan pas différentes des autres familles. Elles ont simplement la particularité, comme celles qui ont un enfant à problèmes ou porteur d'un handicap physique ou psychique, de focaliser l'attention sur lui et de déployer autour de lui une grande énergie qui peut se faire au détriment des autres enfants.

Il faut garder en mémoire qu'il y a une forte probabilité, quand un des enfants est précoce, que les membres d'une fratrie le soient aussi. Il n'existe pas seulement des cas isolés : comme il existe des familles d'anxieux ou présentant des troubles obsessionnels-compulsifs, il existe des lignées de précoces. Cette notion doit être divulguée aux familles pour les inviter à faire tester leurs autres enfants, notamment devant la présence des difficultés scolaires, affectives ou comportementales. Cette recherche n'est bien sûr pas obligatoire mais il serait dommage de passer à côté d'un enfant qui briderait, par exemple, son surdon par souci de ne pas causer plus de tracas à ces parents dépassés par la gestion difficile d'un frère ou sœur précoce.

Rivalités, taquineries, revendications affectives sont dans une fratrie autant de comportements perturbateurs naturels de la tranquillité des familles. Mais la présence d'un ou plusieurs enfants précoces arrive souvent à démultiplier les problèmes tant leur sensibilité et leur intelligence arrivent à mettre à mal les attitudes éducatives habituellement efficace. C'est pourquoi il est indispensable pour les parents de s'attacher à s'occuper individuellement et régulièrement de chaque enfant, même de manière espacée, afin de participer à l'élaboration d'une bonne estime de soi tout en inculquant des règles de vie en commun respectueuses.

Il n'est pas rare non plus qu'un enfant précoce en avance scolaire soit pour un frère ou une sœur plus âgés source d'angoisse et de dépression. Un suivi psychologique pour l'enfant dépassé et des inscriptions dans des établissements scolaires différents permettront le plus souvent d'atténuer les sentiments d'incompétence et de rivalité, chacun poursuivant son propre développement et élargissant son cercle de camarades.

Des parents calmes, ouverts et fermes sont à même d'offrir un cadre rassurant pour tous leurs enfants, précoces ou non. En cas de difficulté, il ne faudra pas hésiter à consulter un spécialiste afin d'analyser les interactions familiales pernicieuses et tester d'autres manières de faire plus adaptées qui mettront un peu plus d'harmonie dans une vie de famille qui n'est jamais un long fleuve tranquille.

□ Les parents anciens enfants précoces

Lorsque les parents d'enfants intellectuellement précoces sont parfois eux-mêmes d'anciens enfants précoces non détectés, ce n'est pas forcément une bonne chose pour l'éducation de leurs enfants, contrairement à ce qu'on pourrait croire. Ces parents ont tendance à reconnaître chez eux les mêmes travers dont ils ont su s'accommoder avec le temps. Ils risquent d'être légèrement laxistes ou attentistes en se disant qu'avec le temps les choses s'arrangeront. Oui, à la longue, les choses peuvent s'arranger comme cela a été le cas pour eux tant bien que mal. Mais ne serait-il pas plus judicieux, au lieu de prendre le risque d'échecs ou de souffrances inutiles, d'envisager des interventions précoces et adaptées dans l'optique d'une action préventive plutôt que d'attendre que se mettent en place des mécanismes de défense ou des stratégies d'adaptation plus ou moins efficaces ?

D'autres parents anciens enfants précoces, ayant connu des difficultés d'apprentissage dans leur enfance, font au contraire preuve d'une exigence absolue ne tenant aucunement compte de la sensibilité, de la réactivité et de l'affectivité de leur enfant. Ce genre d'attitude éducative trop rigide risque, dans bien des cas, de bloquer émotionnellement l'enfant qui s'opposera, consciemment ou inconsciemment, à travers de multiples mécanismes de défense comme la provocation, le refus, l'argumentation, ou la rêverie et la passivité.

□ La tentative de séparation

Il arrive que, devant les insuffisances des résultats scolaires ou certaines manifestations comportementales de l'enfant, des parents envisagent la solution du pensionnat comme seul recours possible. Si cette solution calme souvent le jeu dans un premier temps, elle risque cependant d'engendrer à moyen ou long terme des perturbations relationnelles et émotionnelles entre l'enfant et son entourage.

Néanmoins, il s'avère parfois nécessaire d'extraire d'urgence un enfant de son milieu pour qu'il puisse mieux se développer en dehors de certaines interactions pernicieuses, par exemple lorsqu'il ne peut plus être cadré et met en danger le reste de la famille, ou s'il vit dans une famille où règne la violence, l'alcoolisme, la drogue, où l'un des parents est dépressif, ou encore s'il perturbe ses camarades ou est victime de sévices au sein de son établissement. La mise en internat, éventuellement médicalisé, ou dans une famille d'accueil de la parenté, offrira alors à l'enfant ou à l'adolescent un cadre protecteur, pédagogique, éducatif plus serein en attendant une « normalisation de l'ambiance » et des rapports interpersonnels avec la famille, l'entourage ou les institutions scolaires.

Pourtant, nous mettons en garde les prescripteurs ou les parents qui envisagent ces types radicaux de solution de placement. Avec un enfant perturbateur, il est préférable de ne pas trop se précipiter vers la solution de rupture de lien, même si celui-ci semble la souhaiter ou la réclame instamment. Notre expérience nous a convaincus qu'il fallait parfois « tenir bon » autant devant la pression des parents que devant celle de l'enfant afin d'éviter « l'exclusion du gêneur » devenu le souffre-douleur de tous. Bien sûr souvent la mise en internat ou dans une famille d'accueil calme momentanément le jeu. Cependant, il arrive que la rupture du lien familial soit vécue secondairement comme un réel abandon parental blessant profondément le narcissisme de l'enfant ou de l'adolescent en détresse, en manque de reconnaissance. Cette exclusion apparemment salutaire participera parfois à gauchir profondément la structuration ultérieure de la personnalité de l'enfant qui peut se crisper sur un mode défensif, cynique ou mélancolique selon son tempérament.

Notons au passage qu'il est regrettable que de plus en plus de parents tendent à dénigrer le système scolaire ou les enseignants quand leur enfant présente la moindre difficulté d'adaptation ou de rendement. Préférant plutôt changer leur enfant d'établissement que de se remettre en question ou de réviser leur attitude éducative, ces parents protecteurs ne se rendent pas compte que le plus souvent leur enfant va souffrir d'être coupé de ses camarades ou de sa fratrie. Par cette prise de position, ils risquent d'alimenter un cercle vicieux des plus dommageables pour l'enfant précoce qui sera conforté dans l'idée qu'il n'a pas à s'adapter aux exigences de l'enseignement et de la socialisation. Les parents doivent s'efforcer de résister aux phrases provocatrices de leur enfant telles que « je n'ai jamais demandé à venir au monde ». Leur récompense, ils la trouveront dans la richesse du potentiel qui apparaîtra progressivement chez leur enfant. Plus tard, ils seront récompensés par leur fille ou leur fils qui leur demandera de venir garder leur enfant.

5

Aider l'enfant précoce à s'épanouir socialement

Les enfants précoces peuvent exprimer leur mal-être de diverses façons. Certains sont plus froids que d'autres. Certains causent des problèmes partout où ils vont. D'autres sont gentils, affectueux mais n'ont absolument pas le goût de continuer des études et font preuve d'une insouciance pathologique. Il s'agit ici d'autant de manifestations d'un mécanisme de défense « passive » qui leur permet de poursuivre leurs objectifs sans se soucier des gênes, des peines qu'ils entraînent ou des conséquences désastreuses à moyen ou long terme que peuvent engendrer leurs actes au niveau relationnel, scolaire et ou pour leur future insertion socio-professionnelle. Ces enfants présentent un défaut de mentalisation et une capacité de déni de la réalité et de la douleur tant morale que physique qui leur assurent d'endurer des situations qui seraient totalement intenables pour le commun des mortels. On peut suspecter chez eux la mise en œuvre de divers mécanismes de défense que l'on rencontre dans le déni et la dénégation. Le psychologue québécois Daniel Kemp[1] a popularisé le terme d'enfant « téflon » pour décrire un enfant sur lequel tout « glisse », qui

1. Daniel Kemp, *Le Syndrome de l'enfant téflon*, Québécor, 1995.

paraît imperméable à l'éducation, à la récompense ou à la sanction…

Tous les mécanismes de défense s'avèrent à un moment ou un autre extrêmement utiles pour faire face à la « dureté » de l'existence ou pour assouvir nos besoins, même si parfois leur intensité arrive à gêner l'insertion familiale et scolaire. Cependant, parmi tous les mécanismes de défense possibles, seuls quelques-uns sont indubitablement beaucoup plus adaptés pour mieux vivre en société : l'humour sur soi et autrui, mais pas la moquerie ; la rationalisation, mais pas l'intellectualisation ; la sublimation, mais pas la monomanie obsessionnelle.

Il faut savoir encourager chez les enfants précoces ces trois mécanismes de défense sains afin qu'ils développent une vie personnelle et une vie sociale les plus équilibrées possibles. Certaines familles assez fermées à l'humour, à l'expression artistique ou au raisonnement objectif distillent sans le savoir des souffrances et des modèles de manière de penser et d'être pernicieux pour l'épanouissement de leur progéniture.

L'apprentissage social d'un enfant précoce se révèle parfois difficile. Il tient aussi dans l'art du compromis qui consiste à permettre à l'enfant d'exprimer et d'écouter ses besoins sans les dénier ou les exhausser sans retenue. Chaque famille, chaque société a ses valeurs : certaines sont incontournables mais les autres se discutent.

Chez les enfants précoces, l'association de leur acuité intellectuelle et de leur hypersensibilité affective rend souvent plus difficile le rapport à la relation. C'est pourquoi il convient d'agir à plusieurs niveaux afin de créer un climat propice à un développement psychoaffectif et comportemental le plus harmonieux possible. Ainsi les interventions devront se porter selon les cas, les moments ou les possibilités sur les enfants, les parents, les enseignants ou leurs institutions.

Du côté des parents

□ Poser un cadre clair

Une proportion non négligeable d'enfants précoces a la nette propension à argumenter et à utiliser la diversion pour échapper aux contraintes domestiques ou scolaires. Les parents et les enseignants doivent s'efforcer d'expliciter les raisons d'un cadre clair qu'ils devront faire respecter en évitant d'entrer dans un processus d'argumentation stérile. Pour y parvenir, il est nettement préférable d'utiliser des systèmes de récompense ou d'indifférence, plutôt que des systèmes de sanction, susceptibles d'engendrer des attitudes rebelles. Les natures animale et humaine sont ainsi faites qu'il est plus facile de maintenir un comportement en le renforçant par des récompenses qu'en utilisant des systèmes de punition. Les dompteurs de fauves le savent bien, eux qui ont toujours une friandise à donner une fois le tour exécuté par l'animal.

Les parents ne doivent pas lâcher la bride dans un premier temps éducatif afin que de nouveaux comportements puissent se fixer durablement. Le moindre manquement à une règle sera interprété tôt ou tard par l'enfant de la manière suivante : « de toute façon, il suffit que j'attende ou que je biaise pour arriver à mes fins ». Et c'est en cela que certains enfants précoces sont de véritables champions capables de déployer ruses et excuses pour contourner les exigences éducatives et pédagogiques et ce d'autant plus qu'ils ont un mode relationnel très attachant, charmeur même, trait comportemental fréquemment rencontré chez les petits derniers hyperprotégés dans certaines familles. Plus tard, vers l'adolescence, au contraire, il faudra savoir lâcher du lest si l'on ne veut pas être confronté à des parties de bras de fer.

Toutes sortes de situations sont possibles en fonction du tempérament de l'enfant, de ses parents, du rang qu'il occupe dans la fratrie, de sa maturité, de l'histoire familiale, de son organisation fantasmatique personnelle et de celle de chacun de ses parents. On peut dire grosso modo qu'il y a des enfants passablement extravertis et d'autres manifestement introvertis. Tout d'abord insistons sur la place que prend l'enfant dans le psychisme de ses parents dès avant sa naissance en lui conférant un rôle, mais aussi une place particulière au sein de la constellation familiale notamment par rapport à ses frères et sœurs. Il est difficile de comprendre le comportement d'un enfant, et surtout d'un enfant précoce, si l'on ne tient pas compte du milieu dans lequel il a grandi, dans lequel il vit et de l'histoire familiale touchant les deux branches de sa famille. Certains enfants précoces ont une perception si fine des choses, à travers les discordances du langage non verbal et des comportements de ses proches, qu'ils en arrivent parfois à percevoir les souffrances et non-dits familiaux qu'ils expriment en les intériorisant à leur insu sous forme d'agitation, de mal-être, d'angoisses diffuses ou de prémonitions. Le divorce des parents, les tensions familiales, les secrets, la maladie, la mort, les accidents sont causes de déséquilibres conscients parfois mais très souvent inconscients.

□ Éviter les chantages affectifs

En général l'enfant précoce « hyperaffectif » (EPHA) n'a pas besoin de réprimandes ou de sermons réitérés car sa sensibilité et sa capacité à se mettre à la place des autres lui permettent d'entendre des explications cohérentes. À ce propos, soulignons l'effet dévastateur, pour le développement de la personnalité, des attitudes parentales pratiquant le chantage affectif auquel l'enfant précoce est très sensible. Les parents de tels enfants devraient s'efforcer d'être équilibrés dans la mesure du possible ou tout au moins essayer de se soigner pour éviter que leurs enfants sacrifient tout ou partie de leur développement dans le but d'aider et de protéger leurs parents. Ce n'est pas leur rôle et même s'ils le font volontiers, la pseudo-maturité qu'ils affichent, ou la satisfaction qu'ils en tirent dans un premier temps, risque de se transformer en une sorte de névrose du « sauveur » qui les amènera à ne s'entourer que de personnes fatigantes ou fragiles, les empêchant de se réaliser pleinement. C'est le complexe des enfants trop gentils, serviables et corvéables à souhait qui feront plus tard des adultes « trop bons » ne sachant pas se protéger de l'exercice des pressions psychologiques de personnes déséquilibrées, fatigantes ou malveillantes. Pour lutter contre cette propension trop altruiste, il faut le plus tôt possible entraîner ces enfants ou ces jeunes adultes à savoir dire non et leur apprendre à gérer correctement les personnalités dites difficiles.

❑ Travailler sur ses angoisses existentielles.

« Penser ça m'angoisse, je renonce donc à mes aptitudes », tel pourrait être le positionnement vital de l'enfant précoce hyperlucide, ayant conscience trop jeune des tenants et aboutissants de l'existence, qui ne peut ou ne veut se lancer tranquillement dans la vie qu'il trouve absurde, angoissante, trop courte pour se réaliser pleinement et sereinement. N'oublions pas que l'enfant précoce est un être idéaliste, entier, perfectionniste dans l'âme. Percevoir si jeune la réalité d'un monde imparfait, aux règles de jeu complexes et non respectées par tous, le paralyse littéralement. De cette prise de conscience découlent très souvent des réactions dépressogènes dans lesquelles l'enfant peut s'embourber dangereusement. Il est utile ici d'insister sur la procrastination, mot quelque peu barbare qui désigne une forme clinique particulière de l'anxiété généralisée rattachée aux troubles obsessionnels poussant les sujets paralysés par leur angoisse à toujours remettre à plus tard ce qu'ils devraient faire sur-le-champ. Le problème avec les sujets procrastinateurs, c'est qu'ils ne ressentent et ne souffrent aucunement de manifestations d'angoisse mais, par contre, se plaignent de ne pouvoir agir malgré leur envie. Ce symptôme très invalidant est à rechercher systématiquement et à traiter le plus tôt possible car il peut grever pour la vie entière le développement psychique et social de ces enfants et adolescents.

□ Lui enseigner les règles de la vie en société

Pour prévenir chez l'enfant précoce toutes ces manifestations potentielles de l'angoisse, l'inhibition, l'opposition ou la dépression, il est important dès le plus jeune âge de lui enseigner les différentes règles et coutumes qui régissent les rapports entre humains selon les contextes, les milieux rencontrés et l'âge des personnes. C'est ce qu'on appelle le savoir-vivre, dont les règles de bienséance dictent le comportement, l'art de recevoir et de communiquer oralement et par l'écrit sans faire d'impairs.

Aujourd'hui beaucoup de spécialistes de la précocité intellectuelle s'accordent pour affirmer qu'il est indispensable d'inclure le sens du pratique et le respect de l'autre dans les apprentissages élémentaires dès le plus jeune âge. Dire bonjour, au revoir, merci, demander la permission, ne pas couper la parole, savoir attendre, faire des efforts – tout cela représente autant d'automatismes et de qualités qui seront le plus souvent très difficiles à acquérir à un âge avancé. Certains parents d'enfants précoces, trop séduits par l'avance intellectuelle de leur enfant, en oublient d'exiger ces mots simples et fondamentaux. Ils ont tendance à mettre les écarts de langage et de comportement sur le compte de l'immaturité infantile, ce qui retarde la mise en place des mesures rééducatives adéquates et en atténue les effets à long terme. À ces enfants, il est utile de rappeler le plus tôt possible les diverses règles de jeu de la vie en famille, à l'école, en société, afin de les mettre en phase avec les autres enfants, parents, adultes, et d'éviter d'en faire des enfants rois, des petits dictateurs ou au contraire des souffre-douleur, des inhibés. Apprendre aux enfants à savoir dire non dans certaines circonstances est aussi nécessaire pour une vie équilibrée dans le respect tout à la fois de soi et des autres. Enfin, n'oublions pas que les enfants précoces, malgré leurs sérieuses préoccupations face à la dureté du monde, doivent vivre leur enfance et que pour cela rien de tel que de les pousser à fréquenter leurs petits camarades et à s'investir dans des passions partagées en se frottant aux autres enfants et adultes, ce qui favorise tout à la fois une désensibilisation émotionnelle et un brassage social salutaires.

□ Lui offrir un climat de confiance

Mais à côté de cet apprentissage social, il serait surtout important que l'enfant puisse grandir dans un climat de confiance et de tranquillité au sein de sa famille, car tout dysfonctionnement majeur et chronique risque d'entraîner un stress que l'enfant gérera tant bien que mal. Bien des qualités que l'enfant doit acquérir devraient se retrouver chez les adultes référents, parents ou enseignants. Répétons-le : une éducation trop stricte, trop laxiste, des cris, des claques à répétition sont autant de facteurs délétères pour l'équilibre psychologique de ces enfants particulièrement sensibles. *A contrario*, une famille trop feutrée, fermée sur elle-même, épargnant le contact avec la réalité de la vie tend généralement à construire des personnalités peureuses, ingénues, totalement dénuées d'habileté sociale qui, une fois lancées dans la vraie vie, appréhendent le monde normal comme une sorte de guerre terrorisante.

N'oublions pas que l'enfant précoce présente une sensibilité affective exacerbée associée le plus souvent à un défaut d'apprentissage par imitation qui ne lui permet pas de comprendre correctement les règles implicites de certaines situations sociales. De plus, l'enfant précoce est pourvu d'un système nerveux hyperréactif qui le met à même d'apprendre très vite, même trop vite dans certains cas. Il lui arrive de se bloquer totalement à la suite parfois d'une seule difficulté rencontrée, relativement anodine, et de mettre en place à l'occasion d'un événement des stratégies d'évitement pour contrer sa tendance à la dramatisation et à la hantise de l'échec. Il est donc impératif, à titre préventif, d'expliciter de manière rationnelle et non autoritaire les diverses règles du jeu. L'enfant précoce, de par sa nature généralement anxieuse, a besoin de comprendre pour maîtriser son environnement. Si on lui explique calmement les bonnes raisons des us et coutumes, son intelligence et sa sensibilité feront le reste pour l'amener, sans trop longtemps s'y opposer, à adhérer à une argumentation bien fondée

Il peut comprendre les explications des différentes facettes de la vie avec les autres selon les circonstances et contextes rencontrés ainsi que les exceptions aux règles. Il est nécessaire aussi de lui faire comprendre qu'il est certainement plus idéaliste, plus sensible à l'échec que la plupart des enfants et que, pour cela, il doit faire plus d'efforts que les autres pour se déconditionner. Des lectures commentées avec ses parents comme celles de la série « Survivre » seront parfois d'un précieux secours pour l'amener à se rendre à une vision plus assouplie, réaliste et tolérante du monde.

Enrichir sa vision du monde et de soi, passe également par le besoin de répondre correctement dès le premier âge à ses questionnements philosophiques qui témoignent plus de son besoin de se sentir sécurisé face à son intuition du grand chaos qui l'entoure que d'un intérêt hautement intellectuel. Des parents équilibrés et ouverts, tout en restant fermes, ne peuvent que l'aider à grandir le plus sereinement possible. Quand les parents se sentent un peu dépassés dans les « bonnes » réponses à donner, ils ne doivent pas hésiter à s'appuyer sur des lectures du type « Les goûters philo » qui sont de bonnes bases de discussions et de réflexions communes permettant d'émettre des réponses tout à la fois personnelles et universelles.

□ Travailler sur les cercles vicieux

L'être humain ne peut se considérer comme une unité singulière, indépendante ou dépendante mais doit se percevoir comme un être en relation avec les autres sur le mode idéal de l'autonomie qui lui offre la possibilité de se lier et de se délier avec les autres personnes, parents, camarades, enseignants, et avec les biens matériels sans trop perdre sa faculté de penser, de sentir et d'agir selon ses besoins tout en respectant les besoins des autres, c'est-à-dire tout le contraire d'un enfant au caractère dépendant, capricieux, égoïste ou tyrannique. L'homme est par nature un être social qui ne peut vivre équilibré sans contacts de qualité avec les autres. Mais à défaut de contacts de qualité, certains sujets peuvent se forger des relations plus ou moins bonnes qui n'ont pour but inconscient que de maintenir un sentiment de lien privilégié entre soi et son entourage. C'est pourquoi il est utile de bien connaître l'enfant, son histoire, son inscription familiale, les fantasmes qui l'entourent et l'animent ainsi que les attitudes et caractères parentaux pour l'aider à s'autonomiser progressivement.

□ Travailler en collaboration avec les intervenants médico-éducatifs et pédagogiques

Beaucoup de parents ayant tenté d'inculquer de bonnes bases éducatives à leurs enfants précoces sont souvent étonnés de voir un tiers, répétiteur, professeur, éducateur ou psychologue, mieux réussir en ce domaine en usant de méthodes similaires. Ceci n'est aucunement surprenant et cela tient en grande partie à la fonction symbolique de l'intervenant investi par l'enfant comme un interlocuteur porteur d'une autorité neutre qui l'aide à se développer sans aucun chantage affectif conscient ou inconscient. Ainsi, il n'est pas rare de constater que les mêmes consignes ou conseils avisés venant des parents qui ne font pas le moindre chemin dans l'esprit de l'enfant sont étonnamment écoutés et testés lorsqu'ils sont émis par un tiers dans une relation de confiance et de patience désintéressée sur fond de bienveillance.

Tenter d'aider un enfant précoce sans le soutien des enseignants, et sans une bonne coordination des soignants si besoin est, tient la plupart du temps de la gageure. Un déficit de communication entre les différents intervenants est immanquablement un facteur d'échec dans la prise en charge d'un enfant précoce en difficulté quand ses parents font des tentatives désordonnées de recours vers de nouveaux interlocuteurs qui le découragent. Il n'est pas rare de rencontrer des enfants et des parents qui viennent, en désespoir de cause, consulter le spécialiste ou solliciter l'établissement scolaire, supposés efficaces ou « miraculeux » après une longue série d'échecs. Il n'est jamais trop tard pour redresser la barre. Et, si on en est là, c'est que souvent l'enfant de par son intelligence a su échapper au cadre éducatif en déployant consciemment ou inconsciemment de multiples stratégies ne permettant pas l'acquisition de nouvelles attitudes mentales et comportementales lui donnant l'opportunité de se structurer correctement. Aussi, pour ne pas risquer de verser dans la division, la démission, il est important qu'un référent, soignant ou enseignant, puisse servir de point d'accord et de suivi afin de mener à bien le projet médico-psycho-éducatif de l'enfant précoce en difficulté.

Du côté de l'enseignant

Dans plus de la moitié des cas, malgré des potentialités supérieures dans certains domaines, les enfants intellectuellement précoces présentent des insuffisances, des manques ou des troubles du comportement majeurs qui les rendent assez inadaptés à une intégration scolaire classique.

Beaucoup d'enseignants refusent de l'admettre et ne sont pas prêts à accepter le diagnostic de précocité. Certains perçoivent comme une injure personnelle la reconnaissance de la précocité intellectuelle. C'est une minorité qu'il est très difficile d'aborder et pratiquement impossible de convaincre. La phrase préférée de ces récalcitrants est : « En vingt ans de carrière, je n'ai jamais rencontré de surdoués. »

Mais la majorité des enseignants sont attentifs à l'intérêt de l'enfant. Pour mieux aider les enfants, il est indispensable que parents et enseignants se tiennent réciproquement au courant des réalités et des besoins de chacun dans un esprit de compréhension et de collaboration.

Si enseignants et parents ne communiquent pas, l'enfant sait profiter de cette absence d'échange. Le cahier de textes, le carnet de notes sont les premiers outils de contrôle mais seul l'entretien permet de déceler la vérité. Il n'est pas besoin de parler longuement avec un professeur pour savoir s'il aime son métier, s'il aime l'enfant ou s'il est arrivé à un stade où il ne le supporte plus. Il faudra aux parents faire la part du feu. L'enfant précoce, plus que les autres enfants, sait manipuler son entourage. Quant aux enseignants, ils pourront être renseignés sur le passé scolaire parfois douloureux de l'enfant et prendre connaissance du climat familial. Ils pourront ainsi mieux comprendre l'attitude de l'enfant et porter sur lui un regard plus éclairé. De tout dialogue, il sort quelque chose de fructueux. Lorsqu'un climat de confiance est instauré, bien des difficultés sont levées.

Par ailleurs, l'Éducation nationale a enfin pris conscience des besoins particuliers des enfants précoces, et, pour ne pas les laisser en friche, elle a insisté dans sa circulaire du 25 octobre 2007, sur la nécessité de formation pour les étudiants de IUFM et pour les enseignants[1].

L'enfant précoce, le psychologue et le psychiatre

Psychiatres ou psychologues peuvent aider les parents à s'occuper des enfants précoces, tant du point de vue diagnostique que psychothérapique selon leurs compétences ou orientations. Le psychiatre est un médecin qui a, par sa formation biomédicale et psychiatrique, une connaissance assez complète du fonctionnement mental normal ou pathologique et est capable de discerner des troubles neurologiques, métaboliques, toxiques ou hormonaux pouvant interférer sur l'activité psychique. Le psychologue a l'avantage souvent d'une connaissance plus approfondie du maniement et de l'interprétation des tests. Quant à la prise en charge psychothérapique, psychiatres et psychologues

1. Cf. la circulaire en annexe, p. 175.

ont les mêmes compétences. C'est souvent le caractère remboursable ou non des soins par la Sécurité sociale en consultation privée qui les distingue, hormis une demande de prise en charge exceptionnelle. Mais à choisir entre les soins remboursés d'un psychiatre non compétent ou ceux non remboursés d'un psychologue connaissant bien les problématiques des enfants précoces, il n'y a pas à hésiter.

□ Le rôle des « psy »

Comme nous l'avons déjà évoqué plus haut les causes des troubles sont multiples et spécifiques à chaque enfant. Néanmoins on peut dégager certaines constantes derrière les particularités. À noter également qu'un enfant peut être porteur d'un ou plusieurs troubles à la fois ou successivement dans le temps du fait de la variabilité des mécanismes de défense utilisés qui s'expriment différemment en fonction de son âge neurodéveloppemental. Mais, en dehors des mécanismes de défense pouvant expliquer certains troubles, il existe d'autres facteurs neurologiques, développementaux et environnementaux susceptibles d'entraver l'épanouissement de l'enfant et l'accès à de bonnes performances scolaires :

– une dyssynchronie et des « dys » dépistées trop tard ayant participé à un retard d'acquisition scolaire que l'enfant est incapable de compenser ;

– une immaturité affective due à un décalage beaucoup trop important entre l'âge mental et affectif de l'enfant, qui entraîne avec la famille, les camarades, les professeurs, des conflits et des incompréhensions réciproques répétées. Cette situation est relativement fréquente quand l'enfant a au moins deux ans d'avance, car l'avance contribue à une mise à l'écart ou à des vexations de la part des camarades dont les préoccupations sont tout autres ;

– une tendance obsessionnelle inhibitrice, anxiogène voire

paralysante ou dépressogène : ce comportement doit être compris comme réaction excessive à l'angoisse en vue d'une maîtrise intellectuelle de l'incertitude existentielle et de la peur de l'échec qui pousse l'enfant dans la voie d'un perfectionnisme contraignant et épuisant ;

– une anxiété généralisée avec dramatisation pouvant entraîner des comportements phobiques et hypocondriaques majeurs et paralysants en rapport avec une hypervigilance et une hyperlucidité sur les dangers potentiels que représente l'environnement ou le fait d'être mortel. Les préoccupations excessives avec dramatisation[1] sont également à l'origine de divers troubles anxieux. Les enfants précoces perçoivent souvent des dangers bien avant les autres, d'où quelquefois ce caractère un peu trop sérieux qu'on leur attribue en rapport avec le constat d'une perte précoce de l'insouciance habituelle inhérente à la période d'enfance. Cet effet « loupe » serait à rapprocher des troubles de l'anxiété généralisée (TAG) qui ne sont qu'une forme mineure des troubles obsessionnels compulsifs (TOC).

□ Dépister les troubles obsessionnels compulsifs ou TOC

Le trouble obsessionnel compulsif se caractérise soit par des obsessions, soit par des compulsions, soit par les deux.

– l'obsession est définie par des pensées, des impulsions ou des représentations récurrentes et persistantes qui à certains moments sont ressenties comme intrusives et inappropriées et entraînent une anxiété ou une détresse importante ;

– les compulsions sont des comportements répétitifs que le sujet se sent poussé à accomplir en réponse à une obsession ou selon certaines règles qui doivent être appliquées de

1. L'« effet loupe » dont parle Jean-Charles Terrassier dans *Les Enfants surdoués ou la précocité embarrassante*, ESF, 1981-1999.

manière inflexible, par exemple se relever plusieurs fois la nuit pour vérifier que la porte d'entrée est bien fermée. Ces TOC sont épuisants pour celui qui en est atteint.

Il n'est pas rare de découvrir chez les enfants précoces la présence de TOC assez invalidants, notamment sous formes de pensées obsédantes qu'ils cachent à leur entourage de peur de passer pour fous, d'être ridicules ou sanctionnés. Beaucoup de troubles du sommeil avec des difficultés d'endormissement témoignent de ruminations anxieuses et génèrent une fatigue chronique. Le plus souvent, c'est uniquement l'interrogatoire minutieux d'un professionnel de la santé mentale qui arrive à mettre au jour ces divers mécanismes de défense d'ordre obsessionnel bien dissimulés par l'enfant ou l'adolescent.

□ Reconnaître les facteurs gênant l'intégration scolaire

Parmi les troubles inhérents à la psychologie de l'enfant précoces, de nombreuses raisons peuvent expliquer les difficultés à la vie scolaire :

– une non-intégration des règles sociales et scolaires soit par phobie scolaire, soit par défaut d'apprentissage par imitation qui empêchent l'acceptation des consignes de vie en collectivité ;

– des exclusions institutionnelles et familiales par incompréhension mutuelle enfermant l'enfant dans un sentiment d'injustice ou de rébellion ;

– des cercles vicieux entretenus ayant pour fonction de colmater un symptôme comme une angoisse, des conflits, des secrets de famille pouvant être le témoin d'une dépression ;

– une inhibition intellectuelle pouvant expliquer certains échecs scolaires : elle touche soit des enfants précoces surinvestis par leurs parents, soit des enfants précoces qui portent en eux des secrets de famille, des conflits familiaux, soit des enfants précoces non « reconnus » qui ne sont pas suffisamment stimulés ou qui présentent une nette tendance à l'hyperadaptation, au conformisme. Cette tendance à répondre conformément à ce que les parents, les camarades et les professeurs attendent d'eux pour ne pas se faire marginaliser ou trop remarquer a été nommée par J.-C. Terrassier l'« effet Pygmalion négatif[1] » ;

– une dépression secondaire de l'enfant ayant brillé en début de scolarité qui se retrouve en échec total plus tard. C'est le syndrome de l'ange déchu qui n'accepte pas la réalité et qui s'enferme dans un vécu douloureux de nullité et d'impuissance. Il satisfait son besoin conscient ou inconscient de vouloir « réussir son échec ». Alberto Moravia a bien décrit ce phénomène[2]. En effet, dans la posture de la voie de l'échec, détruire ou se détruire sont des moyens rapides et sûrs de réalisation. Par contre, les moyens à déployer vers les chemins de la réussite et de la construction exigent le plus souvent efforts et patience qui ne sont pas toujours récompensés ou reconnus à leur juste valeur par l'entourage ou la société. Et si, de surcroît, un enfant est empêtré dans une volonté d'être le meilleur, le premier en tout, il ne peut dès lors qu'emprunter une posture d'opposition ou d'échec systématique ;

– un climat de tension familiale peut contribuer à empêcher l'enfant de concentrer ses efforts sur les apprentissages scolaires. Ainsi, une pression exagérée, notamment à l'adolescence, sur le rendement scolaire génère parfois une anxiété de performance inhibitrice ou une opposition passive. De même, des conflits entre les parents, une fratrie nombreuse ou agitée sont susceptibles d'accaparer toutes

1. *Op. cit.*
2. Dans *La Désobéissance*, Gallimard, 1973.

les forces vives d'un enfant qui ne fera que lutter pour survivre au mieux dans ce milieu hostile. Enfin, la maladie d'un parent, un deuil, des préoccupations financières sont autant de soucis qui absorbent l'énergie psychique d'un enfant même si l'entourage essaye de les minimiser. Les conflits relationnels avec les camarades, les professeurs, la famille sont comme tout stress de grands inducteurs d'anxiété, de dépression et de conduites d'évitement. Épris le plus souvent de logique, de règles et de lois dans une vision hypercontrôlée et juste de la vie, l'enfant précoce est souvent désarçonné ou révolté devant ce qu'il considère comme une injustice ou un manque. Pour lui, il est difficile d'intégrer l'exception à la règle. Mais parfois, par l'action de son côté « très raisonnable », il arrive à refouler ses fortes frustrations. Ainsi, il n'est pas rare, par exemple, d'observer certains enfants précoces qui n'expriment aucunement leurs sentiments de jalousie envers leur fratrie surtout s'ils sont aînés avec décalage d'âge d'au moins quatre ans. Leur jalousie pourra s'exprimer alors indirectement : il attire et accapare l'attention de ses parents par des troubles du comportement ou une baisse du rendement scolaire. On retrouve en psychothérapie des sujets adultes porteurs d'une jalousie infantile inconsciente qui avouent leur incapacité à partager avec les autres ou à fonder un foyer et avoir des enfants.

Enfin, certaines configurations familiales liées à la dislocation du cadre parental ou du regard parental porté sur le bien-fondé des exigences scolaires, peuvent rendre compte de difficultés à mobiliser le potentiel d'un enfant. Il ne s'agit ici aucunement de déficit, de défaut de méthodologie ou d'encadrement pédagogique, mais de phénomènes psychologiques engendrés par des configurations familiales particulières. Deux cas de figure se rencontrent assez souvent chez les enfants précoces. Une mère avec un fils unique hypercouvé, prenant la place de l'homme à la maison : tout ce qui représente un pont vers l'accession à l'autonomie, comme l'apprentissage de compétences, aura valeur inconsciemment pour l'enfant comme pour la mère d'angoisse de séparation impensable et, dès lors, les apprentissages seront automatiquement refusés car non désirés. Une autre configuration est l'enfant précoce au cursus scolaire plus ou moins difficile dont le père ou la mère sont d'anciens enfants précoces n'ayant pas réussi leurs études. Sous le joug d'un fantasme parental de désir de revanche perçu par l'enfant, celui-ci peut se bloquer dans sa réussite scolaire. Mais, il est aussi des enfants qui, devant l'exemple ou le discours de leurs parents, sont convaincus de l'idée que l'école ne sert à rien pour la réussite professionnelle, ce que l'hypermédiatisation des *self-made-men* et *women* tout comme celle des élus aux jeux des concours télévisés ne fait que conforter.

□ Distinguer l'enfant précoce de l'enfant roi

La clinique de la psychiatrie de l'enfance a repéré depuis longtemps que les enfants souffrants peuvent emprunter n'importe quel symptôme pour tenter de contrôler, d'exprimer ou d'évacuer les tensions psychiques ou corporelles qu'ils endurent. C'est en cela qu'un symptôme positif ou négatif n'est aucunement caractéristique d'un trait de personnalité, d'un trouble ou d'une maladie spécifique mais doit être considéré comme l'alarme signalant une souffrance.

Aussi l'évaluation clinique d'un enfant par un spécialiste, avec l'aide éventuelle de tests de personnalité, permet-elle souvent de différencier divers diagnostics possibles :

– l'enfant surdoué ou intellectuellement précoce ;
– l'enfant hyperactif avec déficit d'attention (THADA) ;
– l'enfant simplement turbulent ;
– l'enfant rêveur ;

– l'enfant opposant ;
– l'enfant tyran ;
– l'enfant capricieux ;
– l'enfant déprimé ;
– l'enfant anxieux (phobie, phobie sociale, TOC).

Il est, par exemple, difficile de faire la différence entre un enfant à QI élevé et un enfant roi, perçus tous deux comme très « éveillés ». C'est une situation assez fréquente qui prête énormément à confusion et qui nécessite des attitudes éducatives fort différentes. Quelques traits permettent tout de même de faire la distinction.

Enfant roi	*Enfant précoce*
Opposant aux explications	**Écoute**
Indifférent à l'autre	**Hypersensible**
Refus de la nouveauté	**Curiosité**
Paresse intellectuelle	**Approfondissement**
Égoïste	**Altruiste**
Roublard	**Obéissant**

□ Ne pas confondre précocité et hyperactivité

De même, de multiples diagnostics sont susceptibles de rendre compte d'une agitation, d'une instabilité psychomotrice ou d'opposition. Citons à ce propos la fréquence parmi les enfants agités ou indisciplinés d'enfants sur-stimulés, d'enfants hyperactifs avec déficit d'attention.

Le trouble déficit de l'attention/hyperactivité (THADA) est défini comme un regroupement de symptômes répartis selon trois axes principaux :

– le déficit d'attention ou inattention : une incapacité à se concentrer sur une tâche plus de quelques minutes, une grande distractibilité, une incapacité à maintenir un effort, un déficit de l'attention sélective, un déficit de l'attention soutenue ;

– l'hyperactivité : une agitation motrice non contrôlée et incessante ;

– l'impulsivité, verbale et motrice : le sujet ne tire pas d'enseignement de ses erreurs, agit avant même de penser, moins satisfait par les récompenses que les autres enfants, moins sensible aux conséquences de ses actes ; contrôle de soi inadéquat.

L'instabilité psychomotrice est une plainte de plus en plus rencontrée en consultation[1]. L'hypermédiatisation induit souvent à réclamer des demandes de soins psychothérapiques ou de traitements médicamenteux non nécessaires. Bien souvent, beaucoup mieux que n'importe quel test d'évaluation de performance, de comportement ou de personnalité, un simple entretien clinique reprenant l'histoire de l'enfant et de sa famille, en restituant la chronologie d'apparition de l'hyperactivité, suffit pour évoquer la précocité intellectuelle. L'agitation et les crises d'opposition plus ou moins bruyantes reflètent alors, selon les cas :

– une revendication d'autonomie prématurée ;

– une réponse face aux agressions et moqueries dont l'enfant fait parfois l'objet ;

– un besoin ou un manque plus ou moins motivé de stimulations ;

– une anxiété ou une dépression sous-jacente ;

– des troubles des conduites liés à une mauvaise éducation précoce ayant rendu l'enfant moins tolérant à la frustration.

Dans ces cas d'hyperactivité chez un enfant précoce, relativement calme à la maison, le rôle des éducateurs, des

1. Cf. Olivier Revol, *op. cit.*

parents et des psychothérapeutes s'attachera à essayer de comprendre le ou les niveaux de dysfonctionnement en instaurant un dialogue et un accompagnement afin que l'enfant puisse s'inscrire le plus harmonieusement possible dans les divers contextes qu'il rencontre. Seule une approche globale combinant des interventions d'ordre psychothérapique, éducatif et pédagogique est à même de l'aider au mieux et au plus vite.

Mais n'oublions pas que la patience et la confiance sont les meilleurs gages d'une bonne réussite dans la prise en charge de ces enfants particulièrement sensibles qui sont souvent fragilisés, exigeants avec les autres mais principalement avec eux-mêmes, ce qui les précipite paradoxalement vers l'échec.

□ Organiser une prise en charge

La prise en charge des enfants précoces à problèmes et de leur famille demande de la part des psychothérapeutes et des éducateurs certaines aptitudes : une alliance doit se créer pour que chacun admette qu'il lui faut changer tout à la fois ses attitudes mentales et ses comportements. Sans cette prise de conscience, aucun changement ne peut s'opérer. Tout changement nécessite beaucoup d'énergie et de temps. Seules une motivation profonde et la conviction du bien-fondé des nouvelles attitudes à adopter sont à même de donner les résultats escomptés.

« Prendre en charge un enfant surdoué en difficulté, c'est accepter d'emblée que l'éclectisme est obligatoire. Vouloir faire rentrer l'enfant doué dans un cadre théorique, quel qu'il soit, est voué à l'échec », écrit Jeanne Siaud Facchin[1]. Cet

1. Jeanne Siaud-Facchin, *L'Enfant surdoué, L'aider à grandir, l'aider à réussir*, Odile Jacob, 2002, p. 219-221.

enfant a impérativement besoin d'un cadre, mais surtout pas rigide ! Au thérapeute de trouver celui qui convient.

La neutralité soutenue par une écoute attentive et des interprétations sensées, accompagnées de prescriptions précises et explicitées impliquant tous les protagonistes, seront les approches les plus pertinentes dans la recherche des cercles vicieux qu'il faudra briser. N'oublions pas que l'enfant précoce et encore plus l'adolescent précoce ont une intelligence qui leur permet de sentir les attitudes et discours factices ou faibles. C'est la raison pour laquelle un thérapeute ne peut s'improviser compétent en la matière. Il se doit de s'informer et de se former afin de peser ses paroles qui devront être véridiques et prononcées avec tact et mesure dans un esprit de compréhension et de collaboration. Tout jugement de valeur sera à éviter si l'on ne veut pas voir l'enfant ou ses parents s'opposer ou se murer. Seules seront efficaces les attitudes axées sur la recherche du sens du symptôme et l'explication du fonctionnement du sujet, de sa famille, des enseignants, de la société dans le but de proposer d'autres attitudes à tester.

L'enfant précoce présente une intelligence, une hypersensibilité, des antennes qui le poussent souvent à être très critique, parfois susceptible, avec un sens aigu pour repérer la moindre faille chez son interlocuteur. Un faux pas, et c'est la rupture assurée. Un thérapeute compréhensif, sûr de lui, solide, cadrant, sachant déjouer les pièges de la manipulation tendus par l'enfant précoce ou sa famille, est à même de le rassurer bien plus, qu'un « douçothérapeute[1] » qui ne fait que recouvrir de cendres floconneuses les braises sous-jacentes, en endormant l'enfant et ses parents dans un

1. Selon l'expression du psychiatre et pharmacologue Jean-Jacques Aulas dans Les *Médecines douces, des illusions qui guérissent*, Odile Jacob, 1993.

discours attentiste. Si cette attitude modératrice calme très rapidement le jeu dans un premier temps, l'expérience à moyen et long termes a malheureusement bien démontré qu'elle est généralement des plus désastreuses pour l'avenir de ces enfants tant dans leur capacité d'apprentissage que dans la qualité de leurs relations avec l'entourage et de leur futur choix de vie.

De la difficulté à cerner et à traiter toutes les dimensions des liens complexes régissant la dynamique de l'enfant et de ses parents, il est souvent utile d'envisager une psychothérapie bi-focale, l'une pour l'enfant, l'autre pour les parents afin de les aider à changer leur regard et leurs attitudes face aux difficultés rencontrées.

□ Du bon usage des psychotropes

S'il ne faut pas céder à la facilité d'une prescription médicamenteuse psychotrope, elle est parfois utile, devant l'importance de certains troubles tels que dépression, TOC, anxiété, phobie, insomnie, de l'envisager sur une courte durée, quelques semaines ou quelques mois. Cette prescription doit se faire avec l'assentiment de l'enfant et des parents en leur expliquant que ce n'est pas la solution miracle aux problèmes rencontrés mais seulement une aide permettant de diminuer l'importance de certains symptômes et que, de ce fait, il sera plus facile de casser certains cercles vicieux qui fixent ces mêmes symptômes dans lesquels l'enfant le plus souvent se complaît ou se débat, impuissant.

Voici quelques cercles vicieux que parfois seule une prescription adaptée de psychotropes est susceptible d'arrêter :

– insomnie → irritabilité → manque de concentration → échec → dévalorisation → dépression → peur de l'échec → insomnie ;

– épuisement → fatigue → manque de concentration → échec → dévalorisation → abattement → dépression → épuisement ;

– nonchalance → inertie → évasion dans le virtuel → échec scolaire → anxiété → inhibition → évasion dans le virtuel → nonchalance…

□ L'approche comportementale

Seule ou en complément d'une chimiothérapie, notamment pour les plus grands, elle s'avère assez pertinente pour aider certains enfants à se défaire en particulier de troubles résiduels phobiques ou obsessionnels en travaillant sur leurs schémas de pensée. Sur les petits enfants cette approche n'a pas d'impacts directs mais elle agit sur les contre-attitudes parentales qui génèrent ou entretiennent la plupart du temps des troubles. L'approche comportementaliste a l'avantage sur les autres types de pratiques de démasquer et de traiter les cercles vicieux entraînant des attitudes et contre-attitudes.

Dans certains cas, il est parfois utile d'envisager une mise en internat, surtout quand l'atmosphère à la maison ou à l'école n'arrive plus à protéger ou cadrer sereinement l'enfant, notamment lorsque celui-ci déstabilise beaucoup trop l'ensemble de son entourage ou lorsqu'il devient le souffre-douleur de tout le monde. Cependant, cette mise à l'écart de la famille devrait être évitée le plus possible en particulier s'il existe une fratrie, car cette situation familiale risque d'être interprétée par l'enfant ou l'adolescent comme un rejet ayant valeur pour lui d'un véritable abandon parental qu'il n'exprimera que rarement. Cette solution doit donc rester exceptionnelle et transitoire et surtout être très discutée avec l'enfant. Si l'enfant, dans un premier temps, se sent souvent réellement soulagé de ne plus subir la pression familiale et les comparaisons fraternelles, il est cependant assez fréquent, dans un second temps, de le voir interpréter la mise en internat comme une exclusion. Ce sentiment risque alors de le pousser à se forger, en grandissant, une personnalité déséquilibrée, cynique, voire rebelle, du fait d'une perte foncière en la confiance et la crédibilité accordées aux adultes référents, parents ou enseignants, dont tout enfant a fondamentalement besoin. La confiance acquise jeune envers ses éducateurs permettra plus tard au sujet devenu adulte d'entretenir des relations intimes et sociales de qualité dans le respect de soi et des autres.

Mais il est des cas où s'impose un besoin manifeste d'extraire de sa famille un enfant trop souffrant ou très turbulent. Alors, pour limiter le risque pour lui d'un vécu d'exclusion généré par une mise en internat, il est parfois plus souhaitable, quand cela est possible, d'envisager un éloignement temporaire dans un milieu plus familier chez des grands-parents, oncles ou tantes, parrain ou marraine, couples d'amis.

6

L'enfant précoce à l'école

Depuis un siècle le rôle de l'école n'a cessé de prendre de l'importance.

Une bonne instruction offre plus de chances à un enfant d'assurer son avenir et lui permet également d'élargir son choix dans l'éventail des carrières possibles, et ce d'autant plus que son niveau d'études sera élevé. Les professeurs le savent bien, eux qui font généralement pression sur leurs meilleurs élèves pour les orienter vers les grandes écoles. Une réussite scolaire est gage le plus souvent d'une vie plus confortable sur le plan matériel et favorise l'ouverture d'esprit par l'enrichissement culturel apporté. Une bonne instruction est également le moyen le plus démocratique pour mener les enfants, notamment issus des classes défavorisées, vers une promotion sociale et une formation intellectuelle de qualité leur ouvrant toutes sortes de carrières et de fonctions jusqu'aux plus hautes. Barack Obama en est la plus belle illustration.

Sous cette optique, l'enjeu est manifestement de taille, surtout pour les parents qui souhaitent la voie la plus sûre pour le bonheur de leur enfant. De ce fait, ils peuvent devenir à juste titre exigeants, parfois même trop ou pas assez selon leur conception de la vie et leur propre parcours.

Les enfants précoces sont tout particulièrement concernés : comme le souligne Jean-LucAubert[1], « le monde dans lequel nos enfants évolueront plus tard est un monde qui demandera de plus en plus de créativité, d'ingéniosité, de capacités d'adaptation », toutes qualités spécifiques dont les enfants précoces sont abondamment pourvus.

Les parents, alertés par les médias et la littérature spécialisée, ont pris conscience des obstacles dressés sur le chemin des enfants précoces. Il leur faut, pour les aider, une bonne connaissance des possibilités qui sont actuellement offertes par les diverses structures d'enseignement et de formation.

Nous allons, dans un premier temps, expliquer comment un enfant précoce vit sa scolarité, tant dans le domaine de l'apprentissage que dans le domaine relationnel et, dans un second temps, indiquer les ressources scolaires et pédagogiques mises à leur disposition.

Une dynamique de l'apprentissage

La première condition d'une bonne pédagogie est l'instauration en famille et à l'école d'un climat de compréhension et de confiance pour amorcer une dynamique de l'apprentissage. Celle-ci est généralement déterminée par le rapport affectif et l'estime de soi que les enfants attribuent à l'idée d'apprendre mais aussi par l'accueil que l'école leur réserve. Jean-Pol Tassin explique : « Un sujet en situation de stress insupportable va provoquer une activation telle qu'il ne pourra pas faire de traitement cognitif. De même un sujet dans une situation d'ennui total, ne fera aucun effort et son absence de motivation ne lui permettra pas d'utiliser le

1. *Du berceau à l'école…, op. cit.*

traitement cognitif. » Et il conclut : « L'affectivité intervient donc de façon cruciale sur cette partie de l'information[1]. » C'est en ce sens que le point de vue scolaire et le point de vue relationnel sont totalement indissociables. Un enfant ne sera bien en classe que s'il a un bon contact d'une part avec l'enseignant, d'autre part avec ses camarades.

Le destin scolaire des enfants précoces est en général très fortement corrélé à la capacité des adultes à les encadrer et surtout à les encourager. Un manque de sentiment, de soutien, une trop grande rigidité éducative pour ces enfants hypersensibles, au fonctionnement si particulier, peut avoir des conséquences négatives sur leur capacité à s'investir dans les processus d'apprentissage et l'acceptation d'une certaine discipline

□ La prise en charge pédagogique des enfants précoces

La pédagogie destinée à l'enfant précoce doit être construite à partir de ses aptitudes particulières, de son fonctionnement cérébral différent et de la façon dont il travaille. Ne pas en tenir compte, c'est gâcher le potentiel de l'enfant.

Notons à ce propos qu'il était autrefois plus facile pour lui d'être reconnu dans la classe unique des campagnes dont il ne reste plus que quelques rares exemples dans les contrées très retirées. Dans ce genre de classe mêlant des enfants d'âges différents, il prenait de l'enseignement ce qui lui convenait et allait à son propre rythme. Les « hussards noirs de la République », tout en tenant compte des spécificités de leurs élèves, favorisaient la mixité sociale, et l'école était un remarquable ascenseur républicain – qu'elle n'est plus.

1. *Actes du congrès Afep*, Faculté de médecine de Paris, 26 janvier 2002, p. 36.

Pour pouvoir enseigner aux enfants précoces, il conviendrait d'une part de savoir : les repérer – en dehors du QI – par la connaissance des signes révélateurs d'une potentialité élevée ; d'autre part, de bien connaître leurs particularités affectives et intellectuelles car tout l'art de l'enseignant, loin des sentiers battus, consiste à s'appuyer sur ces qualités pour les exploiter, les développer et amener l'enfant au maximum de ses potentialités. Ces potentialités restent sans valeur si elles ne sont pas utilisées par l'environnement éducatif.

□ Les potentialités de l'enfant

Les qualités de l'enfant précoce sont d'une grande utilité sur le plan de l'apprentissage.

En 1974, dans une étude sur la mémoire[1], le psychologue De Groot a constaté que les enfants qui avaient plus de 130 de QI avaient beaucoup plus de mémoire que les enfants dans la norme et que, plus le QI était élevé, plus la mémoire était grande. Cette mémoire exceptionnelle permet à l'enfant précoce d'engranger dès son plus jeune âge un grand nombre de connaissances. Ainsi, il n'aura pas besoin d'aller chercher les informations qui sont souvent déjà enregistrées dans son cerveau et à sa disposition.

La mémoire de travail est la forme de mémoire qui permet d'utiliser pendant un temps court les informations stockées à court terme et de les réutiliser avec celles qui ont été stockées à long terme, les souvenirs. Or, l'enfant précoce jouit d'une mémoire analogique exceptionnelle, autrement dit d'une grande capacité à faire des liens.

Très jeune, l'enfant précoce a aussi à sa disposition un vocabulaire riche et fluide et une syntaxe élaborée qui lui

1. Grubar et coll., *La Précocité intellectuelle : de la mythologie à la génétique 6*, Bruxelles, Mardaga, 1990.

permettent de communiquer sur des sujets qui ne sont pas *a priori* de son âge. Il emploie fréquemment des tournures qui surprennent et les adultes – les enseignants surtout – doivent faire un effort pour ne pas oublier qu'ils ont affaire à un enfant avec tous les caractères puérils attachés à son âge. Leur tendance à argumenter avec lui comme s'ils avaient en face d'eux un adulte déclenche parfois des réactions violentes de l'enfant, qui n'est pas toujours assez armé pour défendre son point de vue de manière raisonnable, ce qui suscite le sentiment d'être incompris ou le pousse à des manifestations verbales et comportementales agressives.

Sa rapidité de compréhension épargne une perte de temps en répétitions inutiles. Sa vivacité d'esprit fait de lui un virtuose de l'humour et sa grande curiosité l'entraîne toujours plus loin dans le désir d'apprendre. Une grande finesse lui permet de saisir les moindres nuances d'un texte et son intuition va le servir en particulier en mathématiques. Création, imagination sont des qualités qui maintiennent son cerveau en ébullition. Cette excitation intellectuelle est pour lui source de joie. Il est important de laisser à l'enfant un espace de temps libre pendant lequel il laisse aller son imagination. Et accordons-lui aussi du temps pour le jeu : c'est un enfant comme les autres de ce point de vue.

L'imagination et l'intuition sont deux qualités indispensables à la science : un article paru récemment dans *Le Figaro*[1] le soulignait encore en rappelant que Newton découvrit la gravitation universelle en voyant tomber une pomme, et Archimède le fameux principe qui porte son nom en plongeant dans son bain : « La part de l'imagination et de l'intuition dans le monde des sciences et des découvertes, est bien réelle. [...] Élaborer de nouveaux

1. *Le Figaro*, 7 octobre 2008.

développements sur la base de connaissances existantes, c'est l'imagination. Pressentir de nouveaux développements dans un domaine inexploré, c'est l'intuition. »

Les enfants précoces sont particulièrement doués dans ces deux domaines. Surtout ne cherchons pas à les limiter et tant pis si parfois ils ne savent ni pourquoi ni comment ils donnent les bonnes réponses. Cependant, aidons-les à retrouver le cheminement de leurs pensées intuitives.

Comment travaille l'enfant précoce

L'enfant intellectuellement précoce ne déclenche sa capacité inconsciente d'apprentissage que si le sujet abordé déclenche chez lui un écho affectif. Il aime, il n'aime pas. Si le sujet lui plaît, il retient sans effort, sinon il n'écoute pas et passe à autre chose.

□ Les fulgurances

Le fonctionnement de son cerveau en arborescence serait la cause de ce que nous appelons « les fulgurances ».

L'originalité de l'enfant précoce qui le pousse parfois à l'extravagance ne fait pas forcément le bonheur d'un maître. Il travaille par flashes. Il trouve rapidement les solutions aux problèmes posés. Il ne sait pas comment il les a trouvées et manque de méthode pour expliquer le cheminement de sa pensée. Dans les petites classes, il n'en a pas eu besoin. Or, au fur et à mesure de la complexité des études, l'intuition ne suffira plus à résoudre les problèmes et, à un moment donné, tout ne continuera pas de venir tout seul et il faudra aussi fournir du travail nécessitant efforts et persévérance pour réussir.

□ La loi du moindre effort

L'homme est par nature généralement assez économe de ses efforts et c'est ce qui lui donne sa force et sa faiblesse. Notre cerveau a une propension naturelle à aller vers la simplification de la compréhension du monde. S'il s'évertuait sans cesse à détailler totalement l'univers des choses et des êtres qui l'entourent, il serait rapidement submergé par un trop-plein d'informations qui le paralyserait. C'est d'ailleurs ce que l'on constate chez certains grands obsessionnels hypercontrôleurs qui s'épuisent à pratiquer des rituels et à lutter contre des pensées obsédantes.

Les enfants précoces n'échappent pas à cette loi lorsqu'ils sont contraints d'effectuer des tâches pour lesquelles ils ne sont pas spécialement passionnés. Ils poussent alors un peu loin cette propension à en faire le moins possible.

Mais c'est aussi en vertu de cette loi qu'ils acceptent de se conformer parfois aux démonstrations de leurs enseignants. Ayant eux-mêmes tendance à compliquer les raisonnements quand on laisse libre cours à leur fonctionnement, si l'enseignant peut leur prouver que la marche à suivre préconisée est beaucoup plus économique, ils se rendront avec joie à cette argumentation.

La difficulté pour l'enseignant sera de canaliser leurs énergies spontanées mais surtout de ne pas chercher à les faire entrer dans un carcan trop rigide pour ne pas éteindre les qualités qui font leur richesse, ces qualités qui feront d'eux plus tard des créateurs dans leur domaine professionnel ou la recherche.

Ils ont une grande exigence de logique. On obtient d'eux d'excellents résultats si on peut leur démontrer le bien-fondé d'une action ou d'un interdit. Ils ont besoin de trouver un sens à une notion qu'ils doivent apprendre. Les règles ne sont pas toujours évidentes et l'enseignant doit les expliciter pour remporter leur adhésion.

L'éducation à l'effort personnel, à la méthode, à la critique positive, à la communication est le point essentiel sur lequel les enseignants doivent insister dès les premières années de scolarité. C'est le travail qui départagera les élèves dans les classes supérieures et les grandes écoles, et plus encore dans l'exercice de leur profession. Il n'y a pas de réussite au long cours sans travail.

□ La tendance à imposer ses vues

Pour préparer l'enfant au travail en équipe qui l'attend dans sa future vie professionnelle, il vaut mieux commencer très tôt l'apprentissage d'une activité collective avec ce qu'elle comporte de contraintes. Car l'enfant précoce aime imposer ses vues. Lorsqu'il a trouvé une solution, il ne voit pas l'utilité de l'expliquer, de la remettre en question et de la modifier éventuellement pour s'aligner sur la solution des autres. Il n'aime pas le compromis.

Il y a différentes phases à observer dans l'apprentissage du débat : l'écoute, la prise de parole, l'analyse, l'échange d'arguments, la critique, les propositions.

Dès les petites classes, il est bon d'enseigner sans trop de rigueur aux enfants qu'ils doivent lever la main quand ils veulent s'exprimer et qu'ils ne doivent pas prendre la parole sans y avoir été invités. La classe en sera plus sereine.

C'est à partir de la sixième, au cours d'exposés et de travaux dirigés, que les élèves vont pouvoir mettre en pratique les principes élémentaires d'une bonne communication ou d'un bon débat. Les enfants précoces ont tant de choses à dire qu'ils n'écoutent qu'à regret les autres. L'écoute est un long apprentissage. S'ils se contraignent à écouter leurs camarades, ils pourront mieux profiter des connaissances qu'ils leur transmettent et les assimiler ou, au contraire, mieux contrer leurs arguments.

En règle générale, les enfants précoces ont une avance considérable par rapport à leurs camarades en expression orale. Il faut leur donner l'opportunité d'exploiter et de mettre en valeur cette faculté en ayant recours le plus souvent possible à l'exposé ou au dialogue oral : bien communiquer est une force considérable dans notre société. Un tribun sera mieux entendu qu'un spécialiste plus compétent mais terne dans son discours.

Les enfants, lorsqu'ils débattent, ont tendance à s'exciter et à parler trop fort. Le message risque dès lors de mal passer car de la parole forte à l'agressivité, il n'y a qu'un pas. Et si le dialogue commence sur ces bases, il n'ira pas loin. Il ne suffit pas d'avoir une opinion, faut-il encore l'exposer, la défendre et trouver les arguments percutants qui emporteront l'adhésion de la partie adverse. Juguler un flot verbal quand il est lancé, c'est comme arrêter un cheval au galop. Car l'enfant, et l'enfant précoce en particulier, est plus passionné que l'adulte quand il s'exprime et casser ses idées, c'est un peu comme lui enlever son essence.

L'enfant précoce préférerait imposer ses vues pour gagner du temps et ne pas avoir à faire de concessions. Mais imposer ne facilite pas les relations sociales harmonieuses et n'aide pas à l'intégration de l'individu dans la société. Il faut lui apprendre à convaincre, à argumenter, à s'exprimer sans trop imposer ni trop céder afin de préserver son originalité de penser et de sentir. Pour cela, en l'encourageant à défendre son argumentation, on l'aidera à mettre en place les prémisses du raisonnement construit que l'on cherche à lui faire acquérir.

L'enfant précoce décèle très facilement la faille d'un système et, prompt à la critique, il peut descendre en flèche toute une construction longuement élaborée. Cependant, il doit comprendre que critiquer est négatif si la critique n'est pas accompagnée de propositions constructives.

L'intelligence, l'intuition, la facilité orale, le pouvoir des mots mettent en position favorable dans l'exercice réussi du débat.

□ Précipitation ou inhibition dans le passage à l'action

Alors que dans les classes primaires, les fulgurances suffisent à l'enfant précoce pour faire des études satisfaisantes, au fur et à mesure que les tâches à accomplir deviennent plus compliquées, le recours à la méthodologie devient indispensable. Cette méthodologie consiste à accomplir dans l'ordre trois séquences ou phases :

1. Observer en détail les éléments d'un problème : cette phase nécessite application et temps. Chez les enfants précoces, soit l'observation est trop fine, ce qui les amène à compliquer la tâche, soit elle est trop rapide ou superficielle et elle omet des détails importants.

2. Réfléchir sur toutes les possibilités de résolution, avec l'aide de l'enseignant. Moins on a d'expérience, moins on a fait d'études, plus le champ des solutions est réduit : un jeune enfant, même précoce, est dans ce cas de figure. Il doit aussi intégrer la composante sociale qui, dans la phase de réflexion, dicte le choix le plus pertinent en fonction des attentes de l'interlocuteur sans pour autant que soient perdus de vue ses propres besoins.

3. Agir, après une bonne observation et une bonne réflexion, donner ou ne pas donner une réponse. À cet égard, combien d'enfants précoces se sentent avant tout rabroués, mal aimés par leurs professeurs qui ne leur donnent pas la parole en classe, prétextant qu'ils savent mieux que leurs camarades ! Quelle injustice à leurs yeux !

Du point de vue pédagogique, une bonne exploitation de son intelligence voudrait qu'un enfant précoce puisse développer harmonieusement et dans l'ordre ces trois qualités.

Les principaux obstacles à l'apprentissage

La procédure d'apprentissage est un processus complexe et global qui nécessite la bonne disponibilité des nombreuses fonctions que sont la perception, l'attention, la mémoire, l'intelligence et la maturité cérébrale. Elle demande un exercice de répétition suffisant pour intégrer, consolider et restituer correctement les notions enseignées. Toute perturbation à un seul étage ou à plusieurs étages de ces différentes fonctions aura des conséquences fâcheuses dans l'acquisition des connaissances. Pour illustrer ce phénomène, on peut utiliser la métaphore du château de cartes qui voit tout son édifice patiemment construit s'effondrer d'un coup pour une seule carte mal positionnée.

Il faudrait dans l'idéal amener l'enfant précoce à découvrir un des principes de la sagesse : la connaissance approfondie des choses et des êtres ne peut s'obtenir que par la personne qui sait bien observer, bien réfléchir et bien agir ou ne pas agir, en évaluant correctement les éléments contextuels.

Ensuite, selon Arielle Adda, il faut prouver à l'enfant rebuté par les tâches répétitives dont il ne perçoit ni le sens ni l'intérêt que « ce n'est que par un entraînement intensif sur une longue période qu'il pourra affirmer son savoir[1] », en usant d'analogies avec des exemples vécus ou observés, par exemple chez des sportifs de haut niveau. L'enfant précoce n'aime pas l'effort mais celui-ci s'impose pour atteindre l'excellence. Comprendre ne suffit pas, il faut acquérir certains mécanismes et automatismes pour intégrer le savoir.

D'autres travers peuvent également freiner l'enfant précoce dans ses capacités d'apprentissage. Nous voulons

1. Arielle Adda, *Le Livre de l'enfant doué*, Paris, Solar, 2004.

parler de son anxiété de performance qui l'amène parfois à se trouver complètement paralysé par une inhibition à l'action le poussant à remettre tout à plus tard sous le joug parfois de la présence de troubles obsessionnels-compulsifs (TOC) ou d'une forte inclinaison à s'enliser dans un perfectionnisme épuisant. Pour ces cas de figure, l'aide d'un psychothérapeute sera un précieux recours afin que l'enfant puisse se défaire progressivement de ses modes défensifs, face à une angoisse massive qui ne fait que gaspiller son énergie et créer de multiples cercles vicieux alimentant un sentiment d'échec, de nullité ou générant des comportements d'opposition passive, d'évitement, de dépression ou de rébellion.

Vis-à-vis des enfants trop méticuleux, il faudra leur indiquer que l'excellence est nettement préférable à la perfection car elle ne demande à l'individu que de faire de son mieux avec le temps et les connaissances à disposition. Que l'école n'est pas un lieu de sanction mais plutôt un lieu démocratique d'émulation dans lequel est dispensé un enseignement minimum permettant d'acquérir des bases dans la vie pour assurer à tout individu une autonomie suffisante qui se résumerait à savoir lire, écrire et compter correctement. Pour ces enfants trop perfectionnistes, le travail psychologique consiste essentiellement à les amener vers plus de souplesse, de sagesse, d'humilité en vue de leur faire saisir que la perfection est impossible à atteindre en ce bas monde. Et que même si une personne « délirante », mégalomaniaque voulait atteindre cet objectif, une seule vie ne pourrait aujourd'hui y réussir dans aucun domaine tellement, depuis l'Antiquité, le savoir des hommes a grandi.

Comme nous l'avons maintes fois signalé, les enfants précoces sont, du fait de leur hyperlucidité, très souvent envahis par l'angoisse dont les manifestations et l'intensité varient d'un enfant à l'autre ou d'une période à l'autre. Comme on l'a dit, quatre manifestations peuvent nuire aux apprentissages scolaires : les TOC qui génèrent une lenteur handicapante ; la procrastination, c'est-à-dire la tendance à toujours tout remettre au lendemain, qui empêche d'entreprendre ; la peur de l'échec qui crée un trac paralysant ; l'insouciance pathologique. Dans tous les cas, au lieu d'agir, l'enfant se perd en rêveries ou tracasseries.

Ces symptômes, une fois repérés, devront être rapidement pris en charge par un spécialiste si l'on ne veut pas assister à l'effondrement des résultats scolaires à plus ou moins grande échéance et voir s'instaurer des cercles vicieux et des lacunes plus difficilement surmontables le temps passant.

En résumé, les principaux obstacles à la réussite scolaire de l'enfant précoce sont :

– sa tendance à suivre la loi du moindre effort qui dérange au regard de ses si grandes potentialités révélées par la psychométrie ;

– des troubles de la pensée dus à une pensée en arborescence très rapide chargée en liens associatifs, qui perturbe l'attention ; elle est liée à l'organisation fonctionnelle très interconnectée au sein de son cerveau, à l'origine de la fulgurance ;

– l'utilisation exclusive de l'intuition en mathématiques qui entrave l'apprentissage méthodique ;

– des troubles fonctionnels qui ne doivent pas être négligés : surdité, troubles visuels ;

– une dépression si le sujet se trouve dénigré par les enseignants ou s'il est le souffre-douleur de ses camarades, surtout en cas de saut de classe ;

– des troubles de la personnalité : phobie, anxiété ;

– une blessure narcissique en cas de redoublement – lequel doit être autant que possible évité.

Avec l'aide de ses enseignants, il devrait, dans l'idéal (c'est déjà bien s'il en fait une partie) :

– travailler la compréhension précise des consignes écrites ;
– travailler l'observation ;
– travailler la réflexion ;
– travailler la décision à l'action ou à la non-action ;
– travailler l'écoute ;
– lutter contre la procrastination ;
– apprendre la patience ;
– apprendre l'humilité ;
– abandonner la perfection pour l'excellence ;
– lutter contre ses peurs
– apprendre la politesse[1].

L'échec scolaire

Actuellement, un tiers des enfants précoces ont un brillant parcours scolaire, ce qui n'exclut pas parfois des difficultés relationnelles, mais sur le plan des études, ces enfants n'ont eu que des succès.

Un tiers d'entre eux ont à un moment ou à un autre connu des faiblesses, des ralentissements dans leur rendement. Certains finissent par surmonter ces passages à vide. D'autres ont des résultats médiocres au regard de leurs possibilités.

Mais surtout, le dernier tiers vit l'échec scolaire.

Il est très paradoxal de parler d'échec scolaire lorsqu'il s'agit d'enfants aux grandes facultés mal ou inexploitées. Et pourtant, il faut malheureusement en faire le constat : à ne considérer que l'enseignement obligatoire de six ans à seize ans, l'Éducation nationale dénombre statistiquement 200 000 enfants précoces ; 65 000 d'entre eux sont en état d'échec en fin de troisième et environ 30 000 autres font des

1. Jean-Louis Fournier, *Je vais t'apprendre la politesse*, Le Livre de poche, 2004.

études médiocres qui ne sont pas en rapport avec leurs potentialités.

Cet échec scolaire peut avoir plusieurs causes.

□ Les problèmes familiaux et sociaux

Chômage des parents, problèmes de logement, maladie, divorce... : les enfants précoces, parce qu'ils sont hypersensibles, risquent plus que les autres de souffrir gravement des contrecoups de ces aléas de la vie. Dans ces conditions, ils ne sont pas disponibles pour l'apprentissage scolaire, trop préoccupés par leurs soucis et souffrances.

□ Des troubles d'apprentissage

La dyslexie, la dysorthographie, les troubles de l'attention, l'hyperactivité sont autant de facteurs qui peuvent gêner l'enfant précoce dans ses apprentissages. Ces enfants ont généralement connu des difficultés dès leurs premiers jours de classe. Avant sa scolarisation, tant que dans sa famille, la communication était orale, l'enfant était admiré et chacune de ses réparties accueillie avec joie. On l'a vu plus haut, il s'exprime généralement bien, il dispose d'un vocabulaire très en avance pour son âge. L'horizon a l'air dégagé. Pourtant, dès qu'il débute à l'école, il n'arrive pas à apprendre à lire – la méthode globale ou semi-globale a pu pour certains contribuer à son échec et son incompréhension.

Un enfant, le soir de sa première journée du CP, annonce fièrement à sa mère : « Je sais lire. » Il ouvre vite le cahier sur lequel la maîtresse a écrit une page de phrases du type : « Les fleurs sont dans le jardin », ou : « Les enfants sont dans la cour. » Il a hâte de faire part de son succès. La démonstration commence. Il met les mains sur ses yeux pour cacher le texte et récite le texte entier qu'il débite sans aucune faute.

La mère, stupéfaite, lui dit : « Ce n'est pas cela lire. » Elle tente de lui expliquer ce qu'on attend de lui. L'enfant pâlit, ne comprend pas. Il ferme le cahier. Pour lui, la lecture, c'est fini. Dès le premier jour de classe !

Cet enfant a revécu les mêmes difficultés avec le piano. Il avait commencé avec un professeur qui pratiquait des méthodes modernes : on joue par mimétisme et, dans un deuxième temps, on commence l'étude rébarbative du solfège. L'enfant était heureux de *jouer*, de produire de la musique. Il excellait à exécuter les morceaux enseignés. Mais quand il lui fallut passer à la deuxième phase, le déchiffrage des notes, il a retrouvé son incapacité à apprendre les codes et, son professeur perdant patience avec lui, il a renoncé et fermé définitivement le piano. L'échec scolaire a gagné le terrain de la musique et, au fur et à mesure que le domaine des codes s'est étendu, il a perdu confiance en lui. Sa nervosité est extrême chaque fois qu'il aborde un apprentissage nouveau qui va exiger de lui une réussite qu'il est convaincu de ne pas pouvoir atteindre. Le décalage entre ces piètres productions et le potentiel qu'il sent en lui le décourage : il préfère abandonner dans sa propension à fonctionner selon la loi « du tout ou rien ».

□ Des difficultés à l'écrit

Si oralement l'aisance des enfants précoces est grande, ils rencontrent souvent des difficultés à l'écrit. La « dyssynchronie », c'est-à-dire le décalage entre leur développement mental, qui est en avance par rapport à leur classe d'âge et leur développement physique et affectif, qui reste celui de leur âge physiologique, est en partie à l'origine de ce dysfonctionnement.

Le passage à l'écriture se fait relativement tard. Pour y accéder l'enfant doit être parvenu à un certain niveau de langage dont l'apprentissage débute avant l'entrée à l'école primaire, alors que l'écriture, elle, ne sera acquise qu'à la fin de la scolarité primaire. Différentes étapes sont à franchir selon l'âge, cinq ans étant un âge charnière, âge où les enfants passent d'une activité graphique à l'apprentissage des lettres.

L'écriture peut être lente mais correcte, facilement déchiffrable, et le travail soigné. Mais cette lenteur due au décalage entre la pensée rapide et la main qui ne suit pas pénalise l'enfant, risque de le décourager et... de décourager l'enseignant qui doit veiller à ne pas sanctionner cet enfant pour qui la rapidité viendra avec le temps.

Par contre la « mauvaise écriture » est maladroite, précipitée, jusqu'à devenir illisible parfois. L'enfant, crispé, s'énerve et appréhende d'avoir à réaliser une tâche dans laquelle il n'excelle pas. C'est un handicap dans le système scolaire où l'évaluation est le plus souvent réalisée sous forme écrite. Il est utile alors d'envisager une rééducation auprès d'une graphothérapeute.

De nos jours, les nouvelles technologies ouvrent des perspectives à ces jeunes à la condition qu'elles soient employées le plus tôt possible avant que le sentiment d'impuissance ne se soit installé. L'ordinateur, qui obéit à la voix, élimine une grande part des difficultés. L'enfant peut s'exprimer à l'écrit aussi bien qu'à l'oral et il n'a plus à se soucier de l'orthographe.

Aux examens, il peut bénéficier aussi d'un tiers temps supplémentaire dès lors qu'il est reconnu par le médecin scolaire de l'Inspection académique comme dyslexique...

Des thérapeutes peuvent venir au secours de ces enfants et les aider à améliorer sensiblement leurs performances et surtout à ne pas perdre confiance. Plus l'aide est apportée tôt, meilleur est le résultat.

☐ L'installation insidieuse de l'idée d'échec

L'enfant précoce qui ne souffre d'aucun des dysfonctionnements que nous venons de signaler, même s'il n'est pas accepté, même si sa différence le marginalise, apprend à lire le plus souvent sans difficulté. La lecture lui ouvre très jeune les horizons de la culture. C'est généralement un « grand » lecteur.

En classes primaires, sur le plan strictement scolaire, les choses vont plutôt bien. Même s'il n'est pas vraiment intéressé par ce qu'on lui enseigne, il se conforme plus ou moins aux attentes des adultes auxquels il cherche à faire plaisir. Fonctionnant principalement en mode analogique, il n'a pas besoin de faire le moindre effort de réflexion ni d'observation pour apprendre et réussir.

Mais, dès le collège, il a de plus en plus de mal à composer avec le système. Il s'ennuie, il n'est pas motivé, il n'arrive pas à se concentrer sur ce qui ne l'intéresse pas. L'information ne passe pas. En sixième, on attend de lui qu'il ne se contente plus de recevoir l'information, mais de raisonner. Habitué pendant des années à ne fournir aucun d'effort pour réussir, il commence à avoir des difficultés devant ces nouveaux obstacles.

En cinquième et surtout à partir de la quatrième, on attend de lui qu'il explique son raisonnement. Et cela, c'est très difficile pour lui car, travaillant par flashes, la recherche du chemin parcouru pour arriver à bon port nécessite de sa part un gros effort, d'autant plus important qu'il a tendance à compliquer le parcours. Il ne va pas au plus simple.

En outre, sur le plan matériel, la vie au collège ne facilite pas sa réussite. Pour les différents cours, il va de salle en salle : généralement mal organisé, il s'égare dans les couloirs, oublie ses affaires, n'arrive pas à gérer ses classeurs. Ne sachant pas préparer son sac, il emporte tous ses livres et tous ses cahiers : au moment de se servir de son matériel, il ne retrouve rien et n'est pas en mesure de commencer à travailler en même temps que les autres. Il mélange les feuilles et le chaos finit par gagner son esprit. Toujours en retard d'un train, il n'est plus dans le rythme et bientôt plus dans la course. Les lacunes ne sont pas encore accumulées mais elles se profilent et c'est souvent en quatrième ou en troisième que ses échecs plus ou moins importants le laissent désemparé. Lui qui était brillant tout à coup n'est plus rien. Le doute s'installe jusqu'à la dépréciation et au renoncement.

L'ennui en classe et la passivité, qui ne tarde pas à se manifester, provoquent alors une absence de motivation et un désintérêt pour l'étude. La réussite scolaire de l'enfant précoce ne dépend pas seulement des méthodes pédagogiques appliquées ni de la compétence des enseignants. Il a constamment besoin de stimulation et de nouveaux territoires à explorer.

Quels que soient les activités ou objets désirés et malgré une grande satisfaction lors de leur acquisition, il est fréquent d'observer au fil du temps un émoussement de l'intérêt poussant les sujets à convoiter de nouveaux objets ou activités. Ce phénomène d'habituation explique l'ennui que les enfants précoces cherchent sans cesse à contrer par l'agitation, par la rêverie ou par une appétence intellectuelle excessive. Ce défaut, il faudra plus tard le corriger en faisant appel à l'intelligence propre grandissante de l'enfant et à la mise en place d'un cadre éducatif équilibré afin d'éviter toutes sortes de débordements ultérieurs.

Il ne faut pas attendre pour réagir à l'invasion de l'échec scolaire sur un enfant. Trouver un objectif pas trop ambitieux, facile à réaliser, en l'aidant à préparer les différentes étapes vers la réussite, peut contribuer à lui redonner confiance dans ses capacités. La « maison » à construire paraît inaccessible mais la pose d'une brique sur une autre brique pour arriver à la construction du tout, ce n'est plus décourageant. L'enseignant peut utiliser la pédagogie du contournement : accrocher l'enfant précoce sur ce qui l'intéresse pour revenir petit à petit au sujet étudié. Il faut absolument trouver un domaine intellectuel, artistique ou sportif dans lequel il réussit pour que, par le biais de la confiance retrouvée, il puisse être de nouveau disponible pour l'étude.

Certaines de ces activités font travailler le goût du risque, de l'effort, de l'émulation, du partage de la nouveauté, tout en dédramatisant les notions d'échecs et de perfection.

Car le grave dans cet échec qui désespère sa famille, c'est que l'enfant est persuadé qu'il est nul et mauvais ! Chaque petite déception, chaque remontrance, chaque mauvaise note le conforte dans l'idée de sa nullité.

Le malentendu entre l'école et l'enfant précoce

L'école et l'enfant intellectuellement précoce sont souvent source d'incompréhensions et de souffrances mutuelles comme en atteste le témoignage suivant.

> « Je venais de souffler mes quatre bougies lorsque j'entrai en CP après avoir sauté deux classes de maternelle. Malgré tout, j'allais beaucoup m'ennuyer en étudiant un programme que je maîtrisais déjà : l'apprentissage de la lecture. Les premières semaines furent périlleuses : du fait de mon jeune âge, je ne pouvais pas rester tranquille plus de deux minutes et cela agaçait fort mon institutrice. Je trouvais les journées interminables et, pour passer le temps, je me mis régulièrement à dessiner sur mes cahiers, à chanter et à siffler. Comme je dérangeais les trois quarts de la classe, souvent l'institutrice m'expédiait dans le couloir. Là, je pouvais dessiner et

siffler à volonté pendant que l'enseignante s'occupait de mes camarades. Quand celle-ci passait dans le couloir, je feignais de travailler et griffonnais deux ou trois mots. Cette situation me perturbait beaucoup. À la maison, je ne mangeais plus, je faisais des cauchemars et bien sûr, je ne voulais plus aller à l'école. Très rapidement, mes parents durent trouver une autre solution. En janvier j'intégrai une école de type "Freinet" où chacun apprenait à son rythme quel que soit son niveau. Enfin j'allais pouvoir apprendre et m'épanouir pendant quelques années.
Toutefois, je fus bien obligé de réintégrer l'école "classique" un jour. Après avoir sauté une troisième classe, j'intégrai un CM2 où j'étais un peu perdu en particulier du point de vue de l'organisation (carnet de textes, devoirs à la maison...). Mais la chose dont je souffris le plus fut le manque de copains, ainsi que les moqueries, les coups de pied et les insultes : intello, microbe, nain de jardin.
Cette situation dura encore pendant les deux premières années de collège. Par contre l'enseignement me plaisait davantage parce qu'il était beaucoup plus varié qu'en primaire. Je me suis tout de suite passionné pour les sciences physiques et la technologie.
Aujourd'hui, j'ai onze ans et demi et je suis en troisième. Au bout de quatre ans, les collégiens ont fini par s'habituer et me laissent tranquille. En septembre prochain, je vais entrer en seconde : je ne considère plus cela comme une épreuve difficile, mais seulement une étape avant la ligne d'arrivée, l'âge adulte.

Guillaume »

L'analyse de ce témoignage appelle de nombreuses remarques :

– Un enfant qui s'ennuie se replie sur lui-même ou, au contraire, perturbe le cours par son agitation. Les enseignants tendent à s'en débarrasser, ce qui accentue l'isolement dans lequel se trouve l'enfant précoce. Guillaume dit que ce dont il a le plus souffert, fut son manque de « copains ». Il a souffert aussi d'avoir à feindre de travailler quand il était exclu du cours. Il faut dire qu'apprendre à lire à un enfant qui sait déjà lire, ce n'est pas ce qu'on fait de mieux pour son épanouissement et ne peut qu'être source de désagréments.

– Quand un enfant issu d'une famille équilibrée commence à manifester des troubles de la nutrition, à avoir des cauchemars, à avoir la phobie de l'école, c'est en général l'école qui le rend malade. Les parents de Guillaume ont eu la chance de trouver près de leur domicile une école Freinet où il a pu se refaire une santé. Lorsqu'il est retourné dans une école traditionnelle, il était plus fort et plus apte à subir et réagir face aux brimades auxquelles il était soumis – insultes, violences... Il est à gager que s'il n'avait pas eu ces trois années pour se reconstituer, la situation aurait pu complètement dégénérer.

– Cet enfant a sauté de nombreuses classes. Du point de vue de l'apprentissage, cela ne présentait pour lui aucune difficulté, mais dans sa relation aux autres, cela a été une tout autre histoire. À ce sujet, l'Association française pour les enfants précoces (AFEP) conseille aux parents de ne pas demander une accélération du cursus supérieure à deux ans sur toute la scolarité d'un enfant afin de ne pas creuser un trop grand fossé développemental avec ses camarades de classe. C'est d'ailleurs la formule retenue par l'Éducation nationale dans le rapport Delaubier, car en cas contraire, ce qui serait gagné sur le plan intellectuel, serait inévitablement perdu sur le plan social et affectif. Avec le recul, l'expérience prouve que très rares sont les enfants qui peuvent vivre un trop grand décalage. L'idéal, ce serait un saut de classe en maternelle et un saut de classe en primaire. Plus tard au collège, approfondissement et enrichissement des programmes sont les meilleures solutions.

– À noter dans ce témoignage : « je me suis passionné pour... ». Les précoces se passionnent et même ont besoin de se passionner.

– La relation aux autres est rendue difficile en raison de sa différence. Trop intelligent, trop intuitif, trop tout.

La relation aux autres à l'école

□ Son intuition et l'aspect relationnel

L'intuition est une des qualités inhérentes à la grande intelligence. Elle permet à l'enfant de percevoir des signes que les autres ne perçoivent pas. Elle est, selon le regard qui est porté sur lui, source de réconfort ou d'angoisse. Une attitude bienveillante, et il est heureux. Un soupir d'exaspération, un geste d'impatience, et il est malheureux. Plus grave, il attache à cette manifestation une signification que, très souvent, elle n'a pas. L'enseignant est fatigué, trop de questions gênent le déroulement de son cours. L'enfant pense que la maîtresse ou le maître ne l'aime pas. Si de surcroît l'enseignant est nerveux et à tendance à crier, le climat va très vite se détériorer. C'est souvent du côté de l'adulte que les choses ne vont pas bien. L'intuition que l'enfant précoce a des gens est parfois difficile à vivre. Il peut être douloureux de se sentir deviné.

□ Son sens de l'anticipation et l'aspect relationnel

La pensée de l'enfant, toujours curieux et désireux de comprendre, le pousse au-delà du présent dans un futur incertain, source d'anxiété. Ce sens est un signal d'alerte qui, si l'enfant ne dramatise pas, va lui permettre de prévoir les situations à venir. Et de s'organiser pour y faire face. Mais parfois aussi cette sorte de divination l'entraîne à prédire des jours sombres et les gens n'aiment pas que l'on bouscule leur confort intellectuel et affectif et préfèrent ne pas savoir à l'avance que des années sombres vont venir. Ils se détourneront de cet enfant comme si c'était lui qui était porteur des malheurs

□ Ses relations avec l'enseignant

Si l'enfant est déjà socialisé par des années de crèche, le départ pour la maternelle se fait sans trop de peine mais c'est pour certains la première séparation et elle chagrine autant l'enfant que ses parents. Pour le préparer à cette grande étape de la vie, on lui a longuement expliqué que l'école était un lieu où l'on apprend beaucoup de belles choses, où la maîtresse est si gentille – l'enfant s'attend à rencontrer la fée des contes –, où il va pouvoir jouer avec des petits camarades, enfin bref un lieu magique.

Pour quelques-uns, particulièrement doués pour la vie en société, armés dès le jeune âge d'une certaine sagesse, il peut en être ainsi. De ceux-là, en général on ne parle pas beaucoup. Que dire des gens heureux quand il y a tant à dire des autres ?

Les autres, donc. La situation risque d'être compromise dès les premières heures d'école. L'enfant, habitué à poser mille et une questions dans sa famille et imprégné de l'idée que c'est à l'école que tous les mystères de la vie vont lui être révélés, s'en donne à cœur joie et en rajoute : « Dis, maîtresse…, dis, maîtresse… » Les questions pleuvent. La maîtresse ne peut répondre à des attentes si pressantes et, pour endiguer le flot, prie l'enfant de se taire. Le ciel lui tombe sur la tête. Ses parents lui auraient-ils menti ? La maîtresse qui allait exaucer tous ses désirs de savoir et être source de tous les bonheurs, ne l'aime-t-elle pas ? Lui dire de se taire alors qu'il a tant de choses à lui dire ! C'est le malentendu ! Selon son tempérament, il va se replier sur lui-même, ou rendre la vie intenable à cette maîtresse qui ne l'a pas compris.

Tout cela n'est pas un bon présage pour le futur. Les choses s'arrangeront-elles dans les années à venir ?

Avec un peu de chance, il rencontrera un enseignant auquel il vouera beaucoup d'amour et d'admiration. Nous nous souvenons tous d'un ou deux enseignants qui ont marqué notre vie, qui nous ont insufflé le goût de la discipline qu'ils enseignaient, qui nous ont donné envie de réussir pour leur faire plaisir et pour recevoir en retour leurs encouragements.

Chez l'enfant précoce, la relation est empreinte de complicité. Un trait d'humour et l'enfant voit dans l'œil du maître une lueur de gaieté ou de surprise qui lui apprend que le trait a porté. Une réponse très brillante et la lueur devient admirative. Comment ne pas avancer quand on se comprend si bien ! L'enfant cherchera à se surpasser et le professeur lui sera reconnaissant d'accueillir son enseignement avec un tel empressement. Quelle joie pour un enseignant de lancer une notion et de savoir que l'enfant a tout de suite compris. Dans une classe spécifique, ce sont une trentaine d'enfants qui ensemble manifestent leur enthousiasme.

Cette communication par le regard est à double tranchant. L'enfant fixe l'enseignant parce qu'il est très concentré et qu'il ne veut rien perdre du raisonnement qui est développé. Ce regard scrutateur est très intense. Si l'enseignant n'est pas sûr de lui, il peut se sentir mal à l'aise. Il peut prêter à l'enfant des sentiments d'hostilité qu'il n'a pas, simplement parce qu'il est déstabilisé. Un enseignant disait qu'il ne pouvait plus supporter le regard perçant d'un enfant précoce de sa classe, qu'il appréhendait de le retrouver chaque jour : « J'ai l'impression qu'il devine toutes mes pensées, qu'il veut mettre mon cerveau à nu. Je suis en train de le prendre en grippe et je m'en veux, mais je ne supporte plus ce regard. »

D'autres comportements de l'enfant peuvent réjouir ou importuner l'enseignant.

Il raisonne beaucoup par association d'idées, ce qui fait de lui un brillant compagnon. Mais une idée ou une question en appelant une autre, il interrompt l'enseignant pour faire part de ce qui vient de lui venir à l'esprit et il faut à ce dernier beaucoup de maîtrise pour ne pas perdre le fil de sa leçon. Certains professeurs se réjouissent de cette richesse de connaissance réapparues à l'occasion de leur cours, mais tenir le cap au milieu de ces digressions importune certains autres enseignants au point qu'ils vivent mal le contact avec ces élèves impétueux. Ils les supportent d'autant moins que les autres élèves qui ont besoin de plus de temps et de plus de calme renoncent quelquefois à suivre. Sans l'avoir voulu, l'enfant précoce a troublé la classe.

De surcroît, il répond trop vite et ne donne pas aux autres le temps de s'exprimer. Tout heureux de deviner la fin de la leçon, il finit les phrases de l'enseignant, arrive à la conclusion avant lui, déflore le sujet – un peu comme un mauvais plaisant qui, au lecteur qui vient de commencer un roman policier, dévoilerait le nom du coupable. Il lui coupe tous ses effets. C'est horripilant. Pourtant, l'enseignant ne devrait pas se plaindre : si l'enfant peut arriver avant lui à la fin de la démonstration, c'est que le cours est parfaitement construit. S'il n'y avait aucune logique, aucune démarche ou si les étapes ne s'imbriquaient pas les unes dans les autres, il ne pourrait pas le devancer dans son raisonnement.

Soit il est trop lent à l'écriture, soit il rêve et ne commence pas en même temps que les autres, de sorte qu'il ne finit pas en temps utile et récrimine lorsqu'on lui reprend sa copie car il n'a pas achevé son devoir bien qu'il sache ce qu'il fallait faire, et il trouve injuste qu'on ne le laisse pas finir. Il peut parfois avoir devant ce type de situation des réactions violentes de colère.

Lui apprendre à s'organiser en fonction du temps dont il dispose est une tâche importante incombant à l'enseignant.

Son imagination aidant, lui qui a horreur des consignes s'égare souvent dans l'énoncé de sujets. Il ne prend du plan qui lui est soumis que ce qui lui plaît.

À titre d'exemple voici une rédaction qui était proposée à des élèves de sixième et ce qu'un enfant précoce a pu en faire. « Un goûter d'anniversaire : la maison est décorée, la table mise, les petits copains arrivent. On commence le goûter puis c'est le gâteau avec les bougies et enfin le cadeau ! »

Notre petit enfant précoce, après avoir lu en diagonale l'énoncé, découvre le mot cadeau. Il se trouve qu'il a envie d'un chien. Toute sa rédaction sera consacrée à ce petit chiot dont il rêve et qu'il aimerait recevoir à l'occasion de son anniversaire. Tout le reste, il n'en est plus question. D'ailleurs la description de la maison, de la table, tout cela l'ennuie.

Résultat : excellente rédaction HORS SUJET !

Quant aux consignes de travail données par le professeur : relire attentivement avant de commencer, mais aussi en cours d'activité et évidemment avant de rendre la production, il n'en a que faire ! Il n'aime pas être enserré dans un carcan trop étroit, il n'aime pas se relire et, généralement, il ne fait pas de brouillon. Toutes ces attitudes sont de nature à irriter les professeurs. Il faut pourtant bien qu'il apprenne à lire un énoncé, à le décortiquer et le suivre à la trace.

Autre sujet d'énervement : l'enfant précoce n'a pas besoin de travailler s'il est intéressé et attentif pendant le cours. En conséquence, il ne fait pas grand-chose… et réussit alors que dans la classe des élèves se donnent tant de mal pour de moins bons résultats que lui. C'est injuste. Et si, par ennui, il se met à ne plus rien faire du tout, le gâchis de ce gros potentiel est révoltant. Ce n'est pas ainsi qu'il s'attire l'amitié de son entourage. Ces relations difficiles font contraste avec le soutien exceptionnel reçu dans sa famille.

Par ailleurs, il est distrait, il oublie ses affaires, il est parfois maladroit : fait tomber ses cahiers, ses crayons, tout cela ne fait pas de lui le modèle de sagesse dont rêve chaque enseignant, lui qui pensait être en droit d'attendre d'un enfant aussi brillant la perfection en tout genre. On n'est pas modèle en tout ! Il faut beaucoup d'indulgence pour ne pas tenir compte des travers d'un enfant précoce et ne prendre que le meilleur de lui-même : son intelligence, son humour, sa finesse et sa grande sensibilité.

❑ Ses rapports avec les autres enfants

Les sentiments de ses pairs sont la plupart du temps ambigus, mêlés d'admiration et de jalousie. L'enfant précoce occupe toute la place et ne laisse pas aux autres l'espace vital dont ils auraient besoin pour se manifester. Mais, même mieux que les enseignants, ils savent reconnaître ses grandes facilités. Un jour on demandait à une classe quelle était la moyenne générale en mathématiques. Et la réponse unanime avait été : « C'est 16, mais sans compter Jean-Louis ; lui a toujours 20 et ses résultats faussent tout. Alors on ne l'intègre pas dans la moyenne. »

Il faut dire que Jean-Louis était le type même du bon camarade, toujours prêt à aider ses congénères. Pour être accepté, le précoce doit être paré de vertus sociales exceptionnelles.

Lorsque des travaux de groupe sont organisés, les enfants ne se précipitent pas pour l'inviter à se joindre à eux. Mais le maître l'imposant à quelques élèves, ils sont bien obligés de faire bonne grâce contre mauvaise fortune. Et ils s'aperçoivent qu'ils y trouvent leur compte : leur groupe est toujours celui qui a le mieux réussi et ils profitent des retombées du succès.

Cependant, souvent, leur attitude à son égard est loin d'être amicale. Ils sont conscients de l'injustice de la situation. Il réussit sans trop d'efforts, il a toujours de bonnes notes, il est souvent cité en exemple et si, en plus, il a mauvais caractère, ils ne le lui pardonnent pas.

Parce que les enfants précoces sont différents, il est fréquent qu'ils ne soient pas acceptés par leurs pairs, soit qu'ils ne soient pas intégrés pour les jeux collectifs ou les groupes de travail, soit qu'ils soient jalousés, moqués, voire maltraités. Et les humiliations qu'ils subissent sont d'autant plus blessantes que ces enfants sont hypersensibles. Les brimades peuvent aller jusqu'à la violence physique. Les autres se vengent de la réussite des enfants précoces dans la cour ou à la sortie de l'école.

En cas de violence, les sanctions appliquées ne sont souvent pas justes. Les élèves responsables des violences sont rarement renvoyés et les parents de l'enfant précoce retirent l'enfant de l'école pour ne pas le laisser en contact avec ses agresseurs renforcés dans l'idée que, de toute façon, ils ne seront pas ou peu punis. C'est bien que l'enfant précoce soit ainsi soustrait aux violences, mais il subit son départ comme un renvoi. En son for intérieur, il sait que ce n'était pas à lui de partir.

Les enseignants doivent veiller à ce que l'enfant ne soit ni isolé ni brimé. Leur présence dans la cour et dans la classe doit l'assurer d'une protection discrète mais efficace.

Souvent aussi, la jalousie à l'égard de ces enfants a pour point de départ le comportement des adultes. Les parents sont parfois plus jaloux que leurs autres enfants et ils les confortent dans leur attitude de rejet. Si en classe les enfants sentent une réprobation ou une exaspération de la part de l'enseignant, ils s'aligneront sur sa conduite et se sentiront renforcés dans leur inclination instinctive de rejet.

Les enfants précoces sont souvent incompris. Trop prompts à manifester leurs vives émotions, ils surprennent leur entourage.

Leurs centres d'intérêt sont souvent bien différents de ceux de leurs camarades, ce qui ne facilite pas leurs relations. Une élève de troisième avait été profondément émue par la découverte de Flaubert lorsqu'elle avait lu *Madame Bovary*. À la récréation, elle avait cherché des camarades pour partager ses émotions. Les filles parlaient de leur dernière soirée en boîte, les garçons du dernier match de foot. Que faire ? C'est auprès d'adultes qu'elle a trouvé un chemin.

Le salut est-il dans le jeu de société ? Non, parce que les enfants précoces gagnent trop souvent et découragent les partenaires, parce qu'ils restent concentrés plus longtemps que ne le peuvent leurs compagnons de jeu ou quelquefois aussi, pour certains, parce qu'ils rêvent trop pendant les temps morts et perdent le fil du jeu.

Alors dans le sport ? Oui, là c'est un peu mieux. Oublions les idées fausses au sujet des « forts en thèmes » si maladroits qu'ils ne pouvaient faire de sport. De nos jours, les enfants précoces font du sport et aiment en faire beaucoup. Ils ont une préférence pour les sports individuels. Et s'ils n'y sont pas plus forts que les autres, cela leur apprend la modestie. Les autres ne sont pas mécontents de pouvoir les surpasser de temps en temps.

7

Aider l'enfant précoce à s'épanouir intellectuellement

Le risque, à maintenir un enfant précoce dans une classe où les exigences scolaires ne sont pas assez grandes pour lui, c'est l'ennui. Or l'ennui est très destructeur. L'enfant rêve, n'a plus d'appétence pour l'étude, son enthousiasme s'émousse et, petit à petit, il se détourne des apprentissages. Certains ne veulent plus aller à l'école. Ils n'en voient pas l'utilité et, en leur for intérieur, ils sentent que ces stations de six heures dans une classe qui ne les concerne plus leur portent tort, et même leur nuisent.

Par contre, quand un enfant est intéressé par un cours, l'apprentissage se fait pour lui sans aucun effort personnel. Comme le dit Rémy Chauvin, « l'enfant absorbe le savoir comme l'éponge absorbe l'eau[1] ». Il n'a pas besoin de travailler. C'est encourager ce penchant que de ne pas l'obliger à un effort.

Quelle solution peut-on trouver au niveau de l'école ?

Dans une classe hétérogène, l'enfant précoce sera heureux si l'enseignant qui repère son avance intellectuelle s'applique à prendre en compte sa différence.

Peut-être, on l'a vu, aura-t-il la chance d'être intégré dans

1. Rémy Chauvin, *Les Surdoués*, Stock, 1996.

une école avec des classes à plusieurs niveaux : par exemple, un CP et un CE1 réunis. L'enfant précoce est en CP mais lorsqu'il a fini son travail et que le maître s'occupe des CE1, il écoutera et, sans en avoir conscience, il fera les deux cours en même temps.

Au sein d'une classe hétérogène, des enfants précoces sont parfois regroupés. Malheureusement, ce regroupement est réalisé à la rentrée pour des raisons d'effectifs et n'est pas prévu pédagogiquement à l'avance, de sorte que les familles n'ont souvent pas le choix de cette formule.

Tout cela est vrai au niveau du primaire, mais au niveau du collège, il existe encore moins de possibilités et les projets pédagogiques (voir ci-dessous) y sont encore rares au regard des besoins.

Quant au lycée, à l'heure actuelle, il n'existe que très peu de possibilités pour les enfants précoces. En l'absence d'enseignement approprié, grâce aux modules et aux filières, ils peuvent trouver, si ce n'est leur bonheur, du moins une nourriture intellectuelle plus adaptée. Il faut dire aussi que les expériences de regroupement qui ont été tentées n'ont pas été très concluantes. Pendant les années de collège, soit les élèves ont retrouvé leur équilibre, soit ils sont en grande difficulté, et leur prise en charge nécessite alors la constitution de petites classes et des professeurs spécialisés trop peu nombreux actuellement. C'est sur la formation des professeurs de lycée qu'il faudra aussi porter l'effort pour une meilleure reconnaissance de la précocité.

La solution la plus courante dès le primaire consiste en un saut de classe.

Sauter une classe

□ Prendre la bonne décision

Pour Michel Duyme, « le saut de classe n'est pas en lui-même générateur de troubles[1] ». Il est cependant nécessaire avant de prendre cette décision de peser le pour et le contre, confronter les différents avis : enfant, enseignant, psychologue éventuellement.

Une première inquiétude concerne la place d'un enfant plus jeune dans un groupe plus âgé. Sur le plan intellectuel, c'est excellent car ses intérêts sont plus proches de ceux des enfants qui ont un ou deux ans de plus que lui. Mais souvent un enfant précoce qui, par bonheur, est arrivé à se faire des amis dans sa classe, souhaitera rester avec ses camarades du même âge. C'est un élément à prendre en compte.

En primaire, les parents et les enseignants ont aussi peur des lacunes. En fait, chaque année, les mêmes notions sont reprises et approfondies. L'enfant précoce peut se dispenser de certaines étapes. Son intérêt sera accru et, pour être au niveau des autres enfants, il lui faudra travailler... un peu.

Quelquefois enfin, le saut de classe risque de créer des problèmes au sein de la famille : si le cadet est précoce et son aîné ne l'est pas, par exemple. S'ils n'ont qu'un an de différence et si le cadet saute une ou deux classes, il sera dans la même classe que son frère ou dans une classe supérieure. Ce peut être source de malaise plus ou moins grave. L'aîné se sentira dévalorisé et pourra nourrir un sentiment de jalousie. Il vaudra sans doute mieux trouver d'autres moyens de stimuler l'intérêt de l'enfant précoce et éviter les conflits familiaux que pourraient occasionner ces sauts de classe.

1. *Actes du congrès Afep*, Faculté de médecine de Paris, 2 octobre 2003.

Ces précautions étant prises, les parents doivent manifester leur intention à l'école pour que le cas de l'enfant soit soumis au conseil de cycle.

□ Quelle classe sauter ?

Des textes qui, heureusement, n'ont pas été repris dans la loi de programme imposaient des limitations au saut de classe. Ce n'était qu'à certains stades du cycle qu'il pouvait être envisagé. Ces verrous ont sauté. Le saut de classe peut être fait à tout niveau de la scolarité et en particulier quand l'enfant commence à manifester du désintérêt pour son travail.

Il faut éviter le saut de classe en cours d'année pour que l'enfant ne se trouve pas confronté à un groupe d'élèves déjà constitué. Dans ce cas, il est « le nouveau », pour ne pas dire l'intrus. Le saut de classe doit donc être prévu à l'avance pour se faire de préférence à une rentrée scolaire.

□ Comment s'y prendre ?

La demande peut émaner des parents qui adressent une lettre de motivation au chef de l'établissement : la décision sera confiée à une commission composée d'un psychologue, d'un orthophoniste, d'un psychomotricien et d'un psychopédagogue. Les parents peuvent aussi s'adresser à un psychologue privé.

Elle peut aussi émaner d'un enseignant.

Quoi qu'il en soit, toute décision administrative doit être motivée. Il a été très utile de rappeler cette notion aux enseignants qui, au cours des conseils de cycle, remplissaient des formulaires ainsi libellés :

OBJET : Passage anticipé au cours préparatoire.
– DÉCISION RELATIVE AU RECOURS FORMULÉ PAR LES FAMILLES –

Madame, Monsieur,

J'ai l'honneur de vous faire connaître que conformément à la note de service n° 92-1 du 2 Juin 1992, j'ai étudié le dossier de votre enfant :

Charlotte	né(e) le	

et que J'AI DÉCIDÉ, pour la prochaine rentrée scolaire :

☐ **de l'admettre** au cours préparatoire de l'école élémentaire (2e année du cycle des apprentissages fondamentaux)

☐ **de le maintenir** à l'école maternelle (1re année du cycle des apprentissages fondamentaux)

Motif :

La case cochée correspondait à la décision du conseil, souvent sans plus d'explication s'il y avait rejet de la demande au motif courant et peu explicite de « manque de maturité ». Les parents posaient un recours auprès de l'Inspecteur d'académie qui souvent cassait la décision pour vice de procédure, toute décision administrative devant être motivée, et autorisait le saut de classe.

Certains enseignants désavoués par leur hiérarchie, pour se prémunir contre cette éventualité, argumentaient leur décision : Voici un exemple typique d'une décision authentique « surmotivée » – bien sûr, les noms de l'élève, de l'école et de la maîtresse ont été modifiés :

> Martin est un élève de CM1 de très bon niveau. Il est à l'aise et participe très volontiers à l'oral. Son travail écrit est toujours très soigné. Son rythme de travail habituel est normal. Son attitude générale est sereine.

À la lecture de ces lignes élogieuses, on pourrait penser que le saut de classe est d'ores et déjà acquis. Continuons :

> Les évaluations d'entrée en sixième confirment que Martin possède parfaitement les notions vues en CM1. Son niveau en français est excellent et son vocabulaire très étendu. Cependant, il ne maîtrise pas un grand nombre de notions qui seront étudiées en CM2, particulièrement en grammaire, conjugaison, en mathématiques sans parler des matières d'éveil.

Comment le pourrait-il puisqu'il n'a pas vu ces notions !

> Son raisonnement est rapide mais intuitif. Il ne l'explique pas (« on voit bien que... ») et s'appuie sur des acquis simples pour arriver à une solution (ex. : addition à trous pour résoudre un problème soustractif, tâtonnements multiplicatifs pour résoudre un problème conduisant à une division)... La technique de la division euclidienne est en cours d'acquisition et la numération lui est encore étrangère. Il n'est pas très habile en géométrie.
> Il a montré au cours de ces évaluations qu'il était capable d'adopter un rythme rapide mais sa vitesse habituelle de travail est moyenne. Il est très sûr de lui et ne vérifie pas la justesse ou la vraisemblance de ses résultats même s'il dispose de temps supplémentaire pour le faire. Depuis le début des épreuves d'évaluation de sixième, qu'il a passées en dehors de la classe, il a cherché à améliorer sa vitesse de travail individuel en classe, il a choisi de lui-même les exercices les plus simples. Là encore, il semble plus sensible à la performance qu'au résultat.

Placé devant une difficulté inattendue (lecture de son temps d'exécution sur un chronomètre à aiguilles), il essaie de répondre le plus rapidement possible « au jugé » sans prendre le temps d'analyser les éléments concrets mis à sa disposition, puis voyant que ses réponses successives ne sont pas exactes, il renonce à chercher la solution. Interrogé sur ses motivations personnelles quant à son éventuel passage anticipé en sixième, il répond que la proposition vient de ses parents, qu'elle l'a surpris au début mais qu'il est « d'accord » et commence à se faire à cette idée. Par ailleurs, dans une expression écrite faite en classe (autoportrait sans rapport avec l'évaluation de sixième), il dit qu'il « n'aime pas particulièrement l'école car ses parents se fâchent quand il a de mauvaises notes ».
Lors de l'entretien que j'ai eu avec eux à leur demande (en date du 10 avril), au cours duquel ils m'ont exposé leur demande en s'appuyant sur le rapport psychologique de Mme la Psychologue, ses parents se sont plaints du fait qu'il ne révise ses leçons à la maison que de mauvaise grâce et jamais de son propre chef « il faut tout le temps être derrière lui »... Ils pensent que Martin apprend « trop facilement » et que le fait d'être placé devant des situations difficiles le stimulerait et lui donnerait le sens de l'effort qui lui manque.
Mon sentiment est que Martin est un enfant très suivi dans toutes ses activités à la maison et qu'il n'a pas la maturité ni la volonté personnelle nécessaire pour appréhender de lui-même des notions qui seraient considérées comme acquises en sixième alors qu'il ne les aurait pas vues au CM2. Il aurait alors besoin d'une aide très importante de ses parents pour combler ses lacunes et paradoxalement « rattraper son retard ». Le risque de le voir mis en échec n'est pas négligeable.
Je considère qu'un raccourcissement du cycle 3, décidé qui plus est dans une certaine précipitation ne serait pas judicieux. S'il est indéniable que Martin est parfaitement à l'aise en CM1, il est loin d'être le seul dans ce cas dans la classe et peut tout à fait profiter d'une fin de cycle normale. Le projet d'école étant de plus axé sur le travail individualisé, j'estime qu'il pourra trouver en CM2 matière à progresser sans s'ennuyer en classe et pourra développer une autonomie qui lui manque encore et lui sera très utile lors de son passage en sixième.

Peut-on décrire mieux l'enfant précoce ? La conclusion ne laisse pas de surprendre ! C'est une totale incompréhension de l'enfant précoce. On lui fait faire les épreuves d'évaluation de sixième, c'est-à-dire qu'on le juge sur un programme qu'il n'a pas fait au lieu de le juger sur ses aptitudes à acquérir très vite les notions de sixième. L'enfant s'approprie rapidement les savoirs mais il ne peut pas connaître de façon innée ce qu'il n'a pas vu.

« Ce sont les parents qui les premiers ont souhaité le saut de classe » : c'est la plupart du temps ainsi. Les parents ont fait la demande le 10 avril et l'enseignante parle de précipitation de la décision pour la rentrée en septembre.

« Il est plus sensible à la performance qu'au résultat » : qu'est-ce à dire ?

Quant à l'argument : « Il est loin d'être le seul dans la classe ! », il est totalement à rejeter. L'intérêt de l'enfant passe avant l'intérêt de l'institution et l'enfant doit être jugé pour lui-même et non pas en fonction des autres élèves.

À noter que l'enfant est gêné par le chronomètre. Très émotifs, les enfants précoces ont souvent des difficultés lorsqu'ils sont ainsi bousculés par le temps d'un chronomètre à balancier.

L'institutrice s'inquiète pour l'enfant : peur des lacunes, peur de la pression des parents… En fait, elle ne sait pas ce qu'est un enfant précoce.

Pour éviter de tels contresens, la formation des enseignants s'impose. Il faut les aider à connaître les signes qui peuvent indiquer la précocité chez un enfant.

Travailler à la maison

Pour les enfants précoces, très sensibles à ce qui les entoure, l'ambiance qui règne à la maison a une très grande importance. Afin de leur permettre de se concentrer lorsqu'ils font leurs devoirs, il est bon d'obtenir qu'ils travaillent dans le calme, sans fond sonore. La télévision, la musique sont à éviter.

Fixer des heures de travail, garder des temps de jeux et de repos, limiter les temps devant la télévision et sélectionner autant que possible les émissions, c'est tout un rituel à mettre en place.

Les parents rendent un grand service à leur enfant précoce s'ils les aident à s'organiser. Fréquemment, ils oublient de prendre des notes sur le cahier de textes, il leur manque des livres ou des cahiers et leur cartable est souvent à l'image de leur chambre : dans un grand désordre. Par contre, il vaut mieux ne pas commencer à travailler avec eux. Ils sont assez manipulateurs et, sans que les parents s'en rendent compte, arrive très vite le moment où ce sont eux qui font les devoirs.

Un autre cas de figure peut être nuisible aux enfants. Certains parents qui ont raté leurs études ont tout à coup envie de se rattraper et prennent un grand plaisir à se substituer à eux, avec la conséquence que les enfants n'ont aucune chance de devenir autonomes et que toute appétence disparaît puisqu'ils n'ont plus à chercher, les parents ayant accaparé l'excitation de la découverte et la joie de l'effort.

Si l'enfant a écouté le cours avec attention, lorsqu'il sort de classe, il l'a assimilé et les devoirs à la maison ne sont pour lui qu'une formalité expédiée très rapidement, mais tous les enfants ne réagissent pas ainsi au regard de ce travail supplémentaire.

Très souvent « l'enfant est saturé en classe : il a une indigestion de toutes les répétitions ingurgitées » dont il n'a nul besoin. S'il doit reprendre les mêmes notions en rentrant à la maison, c'est l'overdose. Ce qui explique parfois le combat que mènent les parents pour lui faire faire ses devoirs et apprendre ses leçons afin d'éviter les sanctions scolaires pour manque de travail. Si les parents ne font rien, ils redoutent le renvoi. S'ils en font trop, ça ne sert qu'à dégoûter un peu plus l'enfant qui n'y peut rien. L'ennui l'a gagné et a tué tout goût pour l'étude. Dans ce cas de figure, le saut de classe peut être un remède mais il ne faut pas trop attendre. Si les résultats scolaires deviennent trop mauvais, l'argument du saut de classe ne peut plus être avancé. L'autre possibilité est l'intervention d'un tiers, un répétiteur par exemple, qui aura assez de recul pour ne pas s'exaspérer de l'attitude passive de l'enfant. Le choix du répétiteur est primordial : il doit être assez compétent, – se méfier des jeunes sans formation pédagogique –, régulier et accepté par l'enfant. Régulier surtout. Le travail à accomplir est comme l'amorçage d'une pompe. Tout petit progrès est une fragile victoire. Il ne faut pas interrompre la chaîne. Après chaque rupture dans le rythme du soutien, tout est à reprendre. C'est une déception pour l'enfant qui avait mis tous ses espoirs dans sa collaboration avec le répétiteur et qui se retrouve à la case départ.

Les enseignants à la retraite sont les meilleurs recours.

Les cours de vacances sont utiles à condition qu'ils ne suppriment pas les temps de loisir. Ils peuvent être accomplis sur des cahiers édités par les grands éditeurs scolaires, par exemple la série des Passeports. Pour les enfants précoces, ils entretiennent les connaissances et une certaine discipline. Pour certains enfants qui sont plus ou moins atteints de phobie scolaire, cette solution n'est pas bonne car ils ont absolument besoin d'une coupure complète pendant les vacances.

Lorsqu'il convient de combler des lacunes, les stages de quelques jours organisés par l'Éducation nationale ou des écoles privées peuvent aider les enfants à se remettre à niveau.

Et les voyages à l'étranger avec d'autres enfants précoces ont le triple avantage de leur permettre d'apprendre des langues étrangères, de les confronter à des cultures différentes des nôtres et de vivre quelques semaines avec des enfants comme eux loin des parents et loin du travail scolaire[1].

Des projets pédagogiques adaptés

Dans une classe hétérogène qui accueille tous les enfants, certains sont impatients de participer, lèvent la main, se dressent même parfois pour manifester leur enthousiasme, débordent du bonheur d'apprendre, de comprendre, de comparer avec des connaissances anciennes. D'autres ont besoin de plus de temps et de répétitions pour saisir les notions enseignées. Souvent, ils sont découragés par ces camarades exaltés.

Pour qu'un enfant s'épanouisse dans l'étude, il convient qu'il puisse faire des tâches en adéquation avec son potentiel. Le système scolaire est fait pour la moyenne des enfants qui ont un QI entre 90 et 110/120. Aux deux bouts de la chaîne, les enfants ne trouvent pas toujours l'enseignement qui leur convient.

Un enfant qui a moins de 70 de QI peut faire des tâches simples qui seront couronnées de succès et il sera heureux d'avoir réussi. Si ce qui lui est demandé est trop difficile, il sera en état d'échec, sera malheureux et se détournera de l'étude.

1. Voir p. 175.

L'enfant intellectuellement précoce, pour être heureux, doit, lui, être dans une situation de challenge. Plus il aura de difficultés à surmonter, plus il se prendra au jeu. L'enseignement standard n'est pas adapté à ses besoins : il n'est pas assez sollicité. Il n'a plus envie d'apprendre et risque, paradoxalement, d'être en échec scolaire par désintérêt et ennui et non pas manque de compétences.

La pédagogie utilisée devra tenir compte de ce facteur.

□ L'approfondissement

Les programmes sont si chargés que parfois on a l'impression d'un survol des sujets étudiés. L'approfondissement consiste à prendre une discipline du programme et aller aussi loin que possible dans la connaissance du sujet étudié.

En sixième, par exemple, en histoire, seulement quelques pages du manuel scolaire sont consacrées à l'Égypte. Au Louvre, des ateliers permettent aux enfants de découvrir les mille facettes de cette civilisation disparue : le culte des morts, les sarcophages, l'architecture, le costume, la vie à la maison, les hiéroglyphes, etc. Tous les élèves ne peuvent pas aller au Louvre, mais tous peuvent, avec l'aide de leurs enseignants et du documentaliste du collège, chercher les informations nécessaires sur Internet et au centre de documentation Faire un album avec des fresques coloriées, étudier la géographie, l'écriture... des passions pour l'Égypte peuvent naître au hasard de ces travaux.

À l'occasion d'un événement médiatisé comme le Paris-Dakar, des enfants peuvent faire un travail pluridisciplinaire sur la préparation d'un rallye, sur les cartes routières, les coutumes des habitants des pays traversés. Ils en apprennent plus sur les pays traversés qu'ils ne le feraient avec les manuels scolaires. Un journal de bord, une exposition pour la fête de fin d'année mettent à l'honneur leurs travaux et ce sera à la fois une motivation pendant le travail et une récompense au bout du compte.

Dans de très nombreux établissements scolaires, les professeurs organisent des ateliers de théâtre. Quoi de mieux pour exploiter des textes, pour découvrir des auteurs ? Le film *Opération Shakespeare* de Penny Marshall illustre cet aspect de l'enseignement : un professeur d'université est en charge d'un groupe de soldats totalement incultes à qui il doit donner des rudiments d'enseignement. Mais il va bien au-delà de la tâche qui lui est assignée. Au cours de scènes magnifiques, on voit tous ces jeunes s'ouvrir au bonheur d'apprendre et de jouer une pièce de théâtre difficile.

La possibilité est offerte aux enseignants de faire entrer dans l'école ou le collège des intervenants extérieurs, artistes, chercheurs. C'est un apport inestimable. Lorsque les enfants, en histoire étudiaient les persécutions nazies, le réalisateur Jean-Louis Lorenzi était venu présenter aux enfants du collège du Cèdre son film *La Colline aux mille enfants*.

On fait remarquer que ces apports culturels conviendraient à tous les élèves et non pas seulement aux enfants précoces. Certes. C'est si vrai que ce serait la meilleure façon de permettre la mixité de tous les élèves. Mais tous les enfants n'ont pas la curiosité des enfants précoces, ni un rythme rapide d'apprentissage qui leur laisse assez de temps libre pour compléter les notions assez sommaires qui sont le socle de l'enseignement. Ils ont besoin de beaucoup de nourriture. Ne les laissons pas s'étioler faute d'aliment.

□ L'enrichissement

L'enrichissement, c'est un apport de culture hors programme.

Des clubs d'échecs, des mini-schools de bridge, des cours d'astronomie, l'aquariophilie, les jeux de société, les jeux cérébraux sont quelques exemples d'activités dont les enfants précoces sont friands.

Ces activités ont par ailleurs le gros avantage de favoriser les relations de l'enfant précoce avec les autres enfants, avec les adultes qui les initient à ces connaissances et avec leurs parents : jouer au bridge avec ses parents resserre les liens entre les générations.

Des écoles avec projets pédagogiques pour les enfants précoces

Quels sont les moyens pédagogiques qui ont été mis en place pour favoriser l'épanouissement des enfants précoces ? Quelques types de prise en charge spécifiques ont été adoptés au fur et à mesure des années.

□ Les classes spécifiques du collège public

Des classes spécifiques pour enfants précoces en collège public existent : la première a été ouverte en 1990 au collège du Cèdre au Vésinet.

Les enfants sont sélectionnés sur un test collectif d'aptitude fourni par le Centre de psychologie appliquée. Les enfants du CM2 du secteur sont invités à titre facultatif, vers le mois d'avril ou mai, à venir au collège un mercredi après-midi ou un samedi matin pour passer ce test. Les enfants scolarisés à l'extérieur du secteur peuvent s'y inscrire aussi, mais aucun enfant ne sera pris dans la classe spécifique qui sera constituée ultérieurement s'il n'a pas passé le test.

La passation est organisée par l'administration du collège et pratiquée par un psychologue, de préférence scolaire. Les tests sont corrigés par ce psychologue qui transmet au principal le nom des vingt-sept ou vingt-huit premiers : ce sont les enfants au potentiel le plus élevé, ceux qui ont le plus besoin d'un enseignement adapté.

L'administration n'a pas connaissances des tests. Si, par la suite, quelques-uns des enfants qui ont été recrutés ont des difficultés, le psychologue attaché à l'établissement pourra se faire communiquer les tests. Parents et enseignants seront alors informés en détail des résultats pour une meilleure prise en charge de l'enfant.

La classe pour enfants précoces présente l'immense avantage de respecter le rythme d'apprentissage des élèves, de permettre de satisfaire au mieux leur curiosité et leur désir d'apprendre et, pour certains de ces enfants, d'avoir enfin des « copains », ce qui souvent ne leur était jamais arrivé dans les classes maternelles et primaires.

Pédagogiquement, c'est la formule la plus appropriée et depuis qu'elle a été créée, sa réussite est exemplaire. Contrairement à ce qu'on pourrait croire, les niveaux des élèves sont très différents dans cette classe spécifique. Certains enfants sont plus scientifiques, d'autres littéraires, d'autres linguistes, mais ils diffèrent surtout les uns des autres par leur originalité, leur personnalité très marquée dès le jeune âge et, surtout, par le passé qu'ils ont vécu à l'école. Certains arrivent complètement braqués par l'école, écœurés et sans espoir d'une amélioration de leur condition au sein de l'institution scolaire, d'autres sont parfaitement épanouis et, les possibilités d'intervenir pendant les cours leur ayant été souvent limitées pour laisser les autres élèves s'exprimer dans les classes précédentes, ils sont soudain complètement débridés et quasiment incontrôlables pendant les premiers mois de la scolarité en collège : leurs comportements ressemblent beaucoup à ceux de jeunes chiots. Les professeurs ont fort à faire mais leur tâche est simplifiée car, sur le plan intellectuel, le potentiel élevé de leurs élèves favorise toutes les avancées et c'est une joie pour eux d'avoir une réponse si importante à leur investissement : les élèves suivent, posent des questions, s'intéressent et c'est à la lumière qui brille dans leurs yeux quand ils ont compris, qu'ils trouvent leur récompense. Libérés des répétitions qu'ils doivent faire dans une classe normale, ils peuvent consacrer plus de temps à pousser plus loin leur enseignement et à enrichir la culture de ces élèves qui en fin de troisième, avant leur départ pour le lycée, ont acquis des connaissances étonnantes pour leur âge et ont appris à travailler avec méthode.

La classe de sixième étant constituée, le cursus scolaire peut se faire en trois ou quatre ans en fonction du rythme de l'enfant, comme c'est le cas au collège Gerson, à Paris.

Les enfants précoces, depuis que des mesures ont été prises en leur faveur, arrivent avec un ou deux ans d'avance en sixième. Ils sont souvent trop jeunes pour être pensionnaires et bien vivre la séparation d'avec leurs parents. Mais, à partir de la quatrième, l'internat proposé par certains établissements est parfois une bonne solution pour soulager un peu les parents usés par les conflits familiaux nés à l'occasion des tâches scolaires. Encore faut-il pour que ce soit une réussite que l'enfant soit d'accord et ne considère pas cet éloignement comme une exclusion.

□ Le regroupement des enfants précoces

Une autre formule consiste à regrouper quelques enfants précoces au sein d'une classe hétérogène. C'est le choix fait par le collège de la Favorite à Lyon. Ce peut être un choix imposé par le nombre restreint d'enfants précoces qui ne permet pas la constitution d'une classe entière, mais ce peut être aussi un choix délibéré car il présente quelques avantages.

En général, la constitution de la classe se fait en partie avec les précoces et en partie avec de bons élèves scolaires plus enclins à suivre les consignes et moins impulsifs. En ce sens ces classes sont plus faciles à gérer bien que ralenties par des enfants dont le mode d'appréhension du savoir n'est pas identique à celui des enfants précoces.

Le recrutement se fait sur QI.

□ Les dispositifs de soutien

Les enfants précoces en difficulté suivent leurs cours dans les classes normales mais ils sont regroupés le soir ou à des moments libres de l'emploi du temps avec un professeur spécialisé qui s'emploie à leur redonner confiance et à leur faire faire des activités qui les stimulent et les intéressent : c'est le choix qu'a fait le lycée Janson-de-Sailly à Paris.

□ Les établissements privés

Pour ne pas avoir une école publique à deux vitesses, celle qui est réputée et celle qui ne l'est pas, et favoriser la mixité sociale, il avait été créé ce que l'on appelait la carte scolaire avec obligation d'être scolarisé dans le secteur de son domicile. Conséquence : les parents qui ne pouvaient inscrire leur enfant dans l'école de leur choix quittaient l'enseignement public pour rejoindre l'enseignement privé sous contrat, payant. L'école à deux vitesses était bien présente, non plus dans le public, mais dans le public et le privé. Certaines familles pouvaient payer, d'autres ne le pouvaient pas.

Depuis la rentrée 2007, les dérogations au secteur scolaire ont été plus nombreuses et un choix plus grand a été offert aux familles. Au niveau du lycée, avant qu'elle n'ait été supprimée, la carte scolaire était plus souple. Puis, à la rentrée 2008, elle a été supprimée et les parents peuvent enfin choisir l'école qui conviendra le mieux à leur enfant, en espérant que les établissements scolaires soient rapidement assez nombreux à avoir mis en place des projets pédagogiques pour enfants précoces.

Dans l'enseignement public, il a été longtemps très difficile d'initier des projets pédagogiques pour enfants précoces, le dogme étant « l'égalité des chances » souvent confondue avec égalitarisme. « Ces enfants ont déjà reçu en don la précocité, alors pourquoi faire plus pour eux ? D'ailleurs, s'ils étaient si doués, ils réussiraient sans aide ! » Cette phrase a malheureusement été trop souvent prononcée dans le passé. Peut-être aussi la peur a-t-elle freiné la création de dispositifs éducatifs ? Les médias ont tellement mis l'accent sur l'hyperactivité de ces enfants – ils sont turbulents, distraits, agités – que ce message n'a pas incité les enseignants à se lancer dans des expériences peu mobilisatrices. Longtemps, en tout cas, inspections académiques et rectorats ont été très réticents à soutenir ces projets. Une principale de collège, en 1996, a même reçu un blâme pour avoir soumis au conseil d'administration, qui l'a voté, un projet de classe spécifique pour enfants précoces.

Les écoles et collèges privés jouissent de plus d'autonomie et, soutenus par les diocèses, ont plus de liberté pour ouvrir leurs portes à des élèves différents.

Dans les établissements privés sous contrat, les enseignants sont rémunérés par l'État et des inspecteurs s'assurent de leurs compétences et du respect des programmes. Les diplômes requis pour enseigner sont les mêmes que dans le public. Une différence importante cependant : le chef d'établissement a le choix du recrutement et des enseignants et des élèves. Ces écoles sont généralement confessionnelles mais elles sont souvent choisies pour d'autres critères que la religion : dans l'esprit des parents, elles ont la réputation de mieux encadrer les élèves.

Certains établissements hors contrat ont aussi une réputation de sérieux établie mais il est difficile d'avoir une opinion circonstanciée car le ministère de l'Éducation nationale n'exerce aucun contrôle pédagogique sur ces établissements, ni sur le contenu des programmes ni sur la compétence des enseignants, aucun diplôme ne sanctionnant leurs aptitudes à enseigner.

Quoi qu'il en soit, sur une centaine de collèges et écoles et lycées ayant reçu des formations sur la précocité, à peine la moitié ont des projets pour enfants précoces. Avec la nouvelle circulaire citée en annexe, espérons que les choses changent rapidement.

□ Les cours par correspondance

Le CNED est un organisme public dépendant de l'Éducation nationale. Il a plutôt été créé pour permettre aux enfants malades ou aux enfants français demeurant à l'étranger ou loin de l'école, de faire leurs études selon les modalités de l'enseignement français pour pouvoir réintégrer le système sans difficulté lors de leur guérison ou de leur retour de l'étranger. En dehors de l'inscription libre qui concerne les cours de vacances ou les matières qui n'existent pas dans un collège (comme le grec ou le chinois), l'inscription réglementée permet aux élèves de suivre les mêmes programmes que dans les établissements scolaires avec passage dans la classe suivante sans examen. En fin d'année cependant, le niveau de l'enfant est vérifié. Pour choisir cette forme d'enseignement, il suffit d'avoir l'autorisation de l'inspecteur d'académie. Car en France l'enseignement est obligatoire de six ans à seize ans, mais pas la scolarisation.

Inscrire l'enfant au CNED est une décision grave. Elle s'impose lorsque l'enfant souffre de phobie scolaire et qu'une période de pause peut l'aider à recouvrer la santé. Mais souvent les parents envisagent l'enseignement à la maison parce qu'ils sont insatisfaits des conditions dans lesquelles sont scolarisés leur enfant. L'enfant précoce a du mal à se faire des amis, il est souvent rejeté par ses camarades : le tenir éloigné du groupe ne le préparera pas à son intégration dans la société.

Si cette formule est cependant choisie, elle doit s'accompagner d'activités extrascolaires : sports, chorale, jeux de société... pour rompre son isolement.

Les pédagogies « différentes »

Des enseignants, des psychologues ayant constaté l'inefficacité de l'enseignement traditionnel pour certains enfants ont innové et expérimenté d'autres méthodes.

Freinet, Montessori, Decroly, La Garanderie, Steiner... tous sont partis du même constat. L'enfant ne réussit bien que s'il est heureux, que s'il est traité avec respect en tant que personne et non par comparaison aux autres, et s'il ne vient pas à l'école pour subir un enseignement sans joie. Il a besoin d'adultes qui le comprennent, l'encouragent, le récompensent de ses efforts.

Il faut dire que l'enseignement était autrefois très rébarbatif. De nos jours, les supports informatiques et vidéo ont rendu l'étude bien plus attrayante. Mais l'enseignement tel qu'il est organisé au niveau national ne convient pas à tous les enfants. De nombreux témoignages, tel celui de Guillaume cité plus haut, prouvent que le salut peut venir de ces méthodes différentes.

□ La méthode Freinet

En 1964, un instituteur, Célestin Freinet, a énoncé, dans une sorte de Code pédagogique, quelques valeurs scolaires apparues à la lumière de l'expérience et du bon sens. Il a établi une liste de trente « invariants » tous inspirés du même esprit. « On ne peut éduquer que dans la dignité. Respecter les enfants, ceux-ci devant respecter leurs maîtres, est une des premières conditions de la rénovation de l'École. » C'est le socle à partir duquel s'est construite la nouvelle façon d'enseigner : être plus grand ne signifie pas être au-dessus des autres, nul n'aime être commandé d'autorité, la contrainte est paralysante. L'enfant n'aime pas les cours *ex cathedra*. Il aime que le maître s'adresse à lui personnellement et l'aide sur le chemin de la découverte. Il faut motiver le travail. Tout individu veut réussir. L'échec est inhibiteur et destructeur. « L'intelligence n'est pas, comme l'enseigne la scolastique, une faculté spécifique fonctionnant comme un circuit fermé, indépendamment des autres éléments vitaux de l'individu. »

Précisément à cause de cette sensibilité, les sanctions, les punitions en public sont humiliantes. Les notes et les classements sont à bannir.

« On prépare la démocratie de demain par la démocratie à l'école. » Et il faut toujours faire confiance à l'enfant et garder l'optimisme en la vie.

Cette méthode a été élaborée pour tous les élèves mais elle est particulièrement utile pour les enfants précoces qui sont émotionnellement trop sensibles et qui n'arrivent pas à s'intégrer dans le carcan des méthodes traditionnelles.

Elle est employée dans les classes primaires de l'enseignement public, mais elles sont très peu nombreuses. L'inspection académique et les conseillers d'éducation peuvent renseigner les parents sur leur implantation.

□ La méthode Montessori

Maria Montessori, psychologue, a créé en 1907 une méthode d'éducation dite ouverte. Sa pédagogie est expérimentale.

L'enfant doit être dans un cadre adapté à ses besoins psychologiques. Son rythme propre d'apprentissage doit être respecté et ses particularités individuelles également. Il doit être éveillé à la vie sociale. Tous les enfants traversent des « périodes sensibles ». Il y a des moments dans la vie d'un enfant où celui-ci est tout entier « absorbé » par une sensibilité particulière à un élément précis de l'ambiance. Ces périodes sont passagères et transitoires. Une fois le caractère développé, la « sensibilité » cesse. Il convient d'offrir au bon moment à l'enfant le moyen de se développer en harmonie avec son environnement. Dans les bonnes conditions d'ambiance, l'enfant est réceptif et prêt pour l'apprentissage.

Cette méthode est pratiquée dans de nombreuses écoles dans l'enseignement privé sous contrat essentiellement. Quelques collèges ont commencé de l'intégrer dans leur enseignement et très peu de lycées. Les associations citées en annexe de cet ouvrage et les inspections académiques peuvent renseigner les parents sur les établissements où est pratiqué cet enseignement.

□ La méthode La Garanderie

Antoine de La Garanderie pense que ce sont les images mentales suscitées par l'environnement qui permettent à l'enfant d'apprendre et de retenir. Selon que l'on est auditif, visuel ou kinesthésique, elles se présenteront sous forme de sons, de formes, de couleurs, ou du ressenti à partir du toucher, de la manipulation. Les gestes mentaux sont au nombre de cinq : l'attention, la compréhension, la réflexion, l'imagination et la mémorisation. À chacun des gestes correspond une pratique de la gestion mentale : percevoir, évoquer, mettre dans sa tête.

Le professeur La Garanderie a fait de très nombreuses formations de professeurs dans les établissements scolaires et ses méthodes sont fréquemment mises en application. Mais il n'y a pas d'école La Garanderie en France. Il y en a quelques-unes en Suisse.

8

Le devenir des enfants précoces à l'âge adulte

Nous avons vu tout au long de ce livre l'impact des années d'enfance et d'adolescence sur la personnalité des enfants précoces.

Ces enfants exceptionnels, que vont-ils devenir ?

De bons experts, des créatifs, des créateurs ?

Plusieurs études portant sur plus de 250 000 sujets ont été menées sur le devenir des enfants précoces à l'âge adulte et ont mis en évidence une réussite professionnelle bien supérieure à la moyenne, sans toutefois révéler de personnalités à l'accomplissement exceptionnel ni le moindre génie, ce qui n'a rien de surprenant : en effet, combien y a-t-il de génies par siècle ? Pourtant ces enfants sélectionnés promettaient un avenir brillant aux vues de leurs capacités et de leur encadrement. La réalité, des années après, fait constater que cette population, malgré l'« aide » des parents et des institutions spécialisées, revient en général à la « normalité » avec l'avancée en âge, ne donnant que très peu de créatifs.

Les surdoués à l'âge adulte ne sont que rarement créateurs d'exception, prêts à sacrifier le confort, la détente et les relations familiales au bénéfice de leurs travaux, de leur création. Cependant, ils sont très à l'aise pour se construire une carrière dans leur domaine de prédilection.

L'avenir professionnel

Pour savoir ce qui attend les enfants précoces professionnellement, il faut considérer deux catégories : ceux qui ont réussi leurs études et ceux qui les ont plus ou moins ratées.

□ Ceux qui ont réussi leurs études

Nous retrouvons les premiers, au sortir des grandes écoles, Polytechnique, l'ENA et autres institutions prestigieuses, dans les postes les plus élevés tant dans le public que dans le privé et particulièrement dans les secteurs où une haute qualification est requise. Ils apportent à leur travail une grande énergie et leur savoir-faire. Ils ont de lourdes responsabilités, des salaires élevés, une plus grande sécurité de l'emploi, une liberté aussi de pouvoir changer de situation si les conditions ne leur conviennent pas, assurés d'en retrouver une rapidement. C'est vrai en début de carrière. Après, ils doivent être plus prudents.

Une petite minorité des plus diplômés sont appréciés au point que des cabinets internationaux de « chercheurs de têtes » se sont créés et traquent les meilleurs d'entre eux à coup de millions d'euros, de dollars et autres devises pour les mettre à la tête des très grosses entreprises. Ils aiment, plus que l'argent, le pouvoir qui leur ouvre toutes les portes. Le pouvoir est enivrant.

La majorité des enfants précoces diplômés forment la classe des cadres supérieurs et professions libérales.

Cependant, cette réussite de façade a un prix à payer si l'on considère l'organisation de notre société moderne. Douglas Kennedy, dans son livre *The Job*[1], reprend, au

---

1. Traduction française *Les Désarrois de Ned Allen*, Belfond, 2005.

niveau des cadres supérieurs, le thème développé par Charlie Chaplin dans *Les Temps modernes* au niveau des ouvriers au début de l'ère industrielle. La compétition et la pression sont énormes et la roche Tarpéienne est souvent proche du Capitole.

□ Ceux qui n'ont pas réussi leurs études

Pour ceux-là, le passé pèse lourd dans la balance. Quelles qu'aient été les raisons de l'échec, l'humiliation subie à l'école au moment où la personnalité se construisait a causé une profonde blessure narcissique qui ne peut jamais tout à fait s'effacer.

Sur le plan professionnel, tout en étant très intelligents, ils n'ont pas de compétences haut de gamme et les possibilités offertes sont souvent inintéressantes et en complet décalage avec le potentiel des surdoués devenus adultes. Ils remplissent souvent une tâche subalterne sous la direction de cadres moyens largement moins intelligents qu'eux.

Mais le manque de diplôme a un avantage : il oblige ces jeunes adultes à se battre, à prendre des risques que ne prendraient pas des ingénieurs installés dans des situations assises. Ils n'ont rien à perdre et tout à gagner s'ils réussissent à créer leur entreprise ou à se lancer dans des métiers aléatoires qui n'assurent pas le confort matériel à coup sûr. Nombre d'artistes, trop indisciplinés et contestataires dans leur enfance, connaissent de brillantes réussites et sont acharnés au travail, eux qu'on disait paresseux quand on ne leur offrait aucune possibilité de se passionner.

L'observation dans le temps montre que beaucoup des enfants ayant présenté des difficultés scolaires savent corriger le tir plus tard, à la faveur de la maturité affective et intellectuelle, soit en fin de cursus scolaire soit en reprenant des études à l'âge adulte ou en entreprenant une reconversion professionnelle. L'aide d'une compagne ou d'un compagnon peut être déterminante. Il serait à cet égard intéressant de connaître le taux d'anciens enfants précoces au sein des formations professionnelles pour adultes.

Enfin, il y a lieu de penser que le taux d'anciens enfants précoces est élevé parmi les autodidactes dans tous les domaines choisis, qu'ils soient littéraires, scientifiques, manuels, entrepreneuriaux, politiques, artistiques, sportifs. Beaucoup d'entre eux n'ont pas pu entrer dans le carcan du cadre académique, mais leur intelligence est là et, si le système éducatif n'a pas trop abîmé leur confiance en eux, ils réussissent d'autant plus qu'ils ont une revanche à prendre.

Pour la réussite, la ténacité, la persévérance, la volonté de survivre et de se relever après chaque échec, en somme la force de caractère, feront la différence.

Cependant tous, quelle que soit leur trajectoire, devront au sortir des études se plier aux contraintes du monde du travail.

Les risques sont grands de déraper.

– Ne pas accepter des décisions que l'on sait mauvaises si elles sont édictées par la hiérarchie, c'est se mettre en situation d'être renvoyé. Au bout de plusieurs renvois, le curriculum présente beaucoup de trous et retrouver du travail devient très difficile

– Réussir avec succès assez longtemps pour se laisser griser et prendre des risques disproportionnés en pensant que tout continuera bien : plus dure sera la chute, et on sait à quel point le surdoué a peu de résistance à l'échec. C'est la personnalité, l'entourage et le hasard qui feront pencher la balance d'un côté ou d'un autre.

Le développement personnel, conjugal, familial, social

Quelle que soit la réussite professionnelle, l'enfant précoce, pour être heureux, doit développer d'autres dimensions de sa personnalité et, sous des apparences d'assurance en soi, il reste très vulnérable à cause de son extrême sensibilité, de ses doutes, de sa difficulté à être compris. Reste l'angoisse inhérente à la condition humaine, surdimensionnée chez le surdoué.

D'autres, rongés par l'angoisse, embourbés dans la procrastination ou la dépression, présentent une baisse de leur estime de soi qui n'est en vérité qu'un constat amer de leur peur de s'engager dans la vie, faisant d'eux des êtres dépendants de leur famille, de leur conjoint, de leurs enfants ou même de la société par le biais d'une pension d'adultes handicapés. Ces personnes, sensibles et intelligentes, sont trop souvent traitées de paresseuses, d'idéalistes par leur entourage qui ne sait plus quoi faire, partagé entre laxisme et autoritarisme pour les pousser à réagir face à la nécessité d'une accession à l'autonomie affective, intellectuelle, matérielle et économique afin d'advenir au stade d'adulte équilibré.

Il est relativement facile de comprendre comment la faculté de percevoir de manière trop aiguë le réel peut gâcher le plaisir ou l'intérêt de jouer, de se distraire, de se laisser vivre tranquillement. L'hyperlucidité a plutôt tendance à engendrer des angoisses existentielles colmatées le plus souvent par la mise en place de divers mécanismes de défense comme des phobies ou des obsessions.

La désocialisation est une possibilité d'évolution des enfants précoces en mal de réussite ou d'identification aux diktats de la société. Ainsi certains vont s'enfermer dans des vies d'ermites, d'éternels adolescents, d'originaux antisociaux plus ou moins rebelles, artistes ou poètes vivant d'expédients, de subsides parentaux ou sociaux. D'autres, ayant plus besoin de contacts et de sécurité affective et matérielle, vont se retrancher auprès de communautés qui partagent certaines de leurs aspirations et préoccupations, des bandes antisociales, des sectes, des religions. Certains vont se réfugier à la campagne pour mener une vie rurale. D'autres vont adhérer à des mouvements écologistes ou politiques qui, parfois, n'hésitent pas à mettre en avant, dans leur propagande, la prise en compte de leur intelligence et sensibilité particulières afin d'attirer vers eux tous les désenchantés de la vie de famille, de couple, de la vie en société et du monde du travail.

Cette marginalisation à travers ces refuges procure aux anciens enfants précoces, dans un premier temps, une solution efficace pour échapper à certaines contraintes liées à l'accession à l'autonomie. Cependant, très souvent, dans un second temps, leurs modes de vie très particuliers, un tant soit peu sectaires, sécrètent d'autres contraintes tout aussi difficiles à supporter. Et c'est à ce moment que se joue la possibilité de se reprendre en main ou de mener une vie faite d'errance, de dépression avec risque suicidaire, accompagnée de toxicomanie, alcool ou drogue, notamment chez les hommes[1].

Les femmes, si leurs souffrances psychologiques sont du même ordre que celles les hommes, peuvent toutefois moins ressentir sur elles le poids des diktats normalisateurs de la société. En effet, il est encore assez généralement admis qu'une femme puisse ne pas avoir une brillante carrière, se plaire à rester mère au foyer à s'occuper de son mari, de ses enfants, de ses parents ou s'épanouir à travers

1. Sensibles à travers certains films : *Into the Wild,* de Sean Penn, *Les Ailes du désir,* de Wim Wenders, *Fight Club,* de David Fincher, *Requiem for a Dream*, de Darren Aronofsky.

des loisirs, un violon d'Ingres, une implication dans des œuvres charitables ou religieuses non lucratives.

Mais beaucoup de femmes anciennes enfants précoces présentent de telles angoisses existentielles qu'elles ne peuvent envisager sereinement d'être mères.

D'autres, ayant investi massivement le monde du travail, n'admettent pas de voir leur carrière entravée par les soins nécessaires à l'éducation d'un enfant et renoncent du coup à la maternité.

Il existe aussi des mères anciennes enfants précoces qui culpabilisent de ne plus supporter l'enfant qu'elles ont désiré tant elles sont partagées entre leur désir de réalisation personnelle et la nécessité d'être une bonne mère. Nous en voulons pour exemple la biographie filmée de la reporter, mannequin et artiste Lee Miller[1] qui donne l'impression tout à la fois d'une vie faite de dispersements affectifs et intellectuels, d'insatisfaction et de non-approfondissement permanent, sur fond d'une grande lucidité et d'hypersensibilité, associé à des périodes d'apathie, d'inhibition, de dépression profonde suivies d'exaltation et de grande créativité. Certains y verraient une psychose maniaco-dépressive, mais un autre éclairage de cette vie exceptionnelle pourrait aussi mettre en lumière une précocité intellectuelle non diagnostiquée dont les errements et les questionnements existentiels en auraient été les stigmates.

Comme nous l'avons évoqué plus haut, il est certain qu'un grand nombre de troubles psychologiques chez l'adulte sont à mettre sur le compte du mode de penser et de ressentir de sujets probablement anciens enfants précoces taraudés par des angoisses existentielles, des peurs ou un doute permanent. C'est ainsi que l'on peut affirmer sans se tromper que trop d'intelligence nuit très fortement à la capacité de vivre

1. *Lee Miller ou La Traversée du miroir*, de Sylvain Roumette.

sa vie simplement, sans trop se poser de questions, et à entretenir des relations agréables avec les autres comme en témoigne la biographie de Nietzsche.

Enfin, nous ferons allusion avec insistance à ces enfants précoces apparemment sans problème qui se conforment à ce qu'on leur demande. Enfants tout à la fois dociles, sensibles, doués et travailleurs, ils réussissent tout ce qu'ils entreprennent mais souvent au détriment de leurs vrais besoins. Hyperadaptés, ils arrivent à emprunter les voies qu'on leur désigne comme bonnes pour eux en les convainquant, et ce d'autant plus facilement qu'ils y brillent avec aisance. Trop intelligents, trop bons et trop polis, ils ont du mal, devenus adultes, à jouer des coudes dans une société assez brutale et hypocrite, tout spécialement dans le monde de l'entreprise. Véritables naïfs de la vie, imbibés de méritocratie, ils se retrouvent souvent bernés ou déçus et dépassés par leurs collègues moins intelligents ou talentueux mais beaucoup plus armés et qui n'ont pas d'états d'âme pour asseoir leur volonté de puissance. Souvent ces sujets quelque peu candides ou idéalistes se retrouvent vers la quarantaine à envisager une reconversion radicale de carrière lorsqu'ils s'aperçoivent amèrement que leurs besoins dans la voie qu'ils avaient choisie ne seront jamais comblés. Dans ce genre de situation, plus qu'une psychothérapie, c'est un coaching qui s'impose pour leur faire admettre tout à la fois leur nature sensible et exigeante et les règles du jeu perverties tant de la société que du monde de l'entreprise.

Des adultes trop souvent inadaptés

Tous les problèmes des adultes anciens enfants intellectuellement précoces pourraient globalement se résumer aux conséquences de la conjugaison de trois facteurs aux effets délétères qui sont : une hypersensibilité affective, une exigence intellectuelle et une nette tendance à l'éparpillement faisant d'eux des êtres en général peu adaptés à la trivialité de la vie et des œuvres des hommes. Dureté de la vie dont on peut mesurer chaque jour l'étendue en observant autour de soi ses spectacles ou en recevant l'information distillée par les médias. Généralement l'intelligence aiguë des enfants précoces les pousse automatiquement à vouloir traiter le bombardement du flux d'informations qui leur parvient. Pour les apprentis autodidactes et intuitifs, c'est particulièrement difficile : ils arrivent longtemps à contrôler leurs univers jusqu'au jour où ils se heurtent à des réalités qu'ils n'avaient pas entrevues par manque de culture et de connaissances profondes en certains domaines. Tous les enfants précoces n'ont pas la chance d'avoir eu accès très jeune à une bonne éducation, une culture approfondie susceptible de laisser s'exprimer librement leurs talents tout en leur montrant les écueils à éviter.

Dans l'idéal, l'entourage de ces sujets anciens enfants précoces devrait veiller à mettre en place des conditions matérielles et spirituelles pour les aider dans toute la mesure du possible.

Pour s'épanouir, ils ont besoin :

– de choisir une vie de couple stimulante complémentaire ou supplémentaire selon les cas ;

– de trouver autour d'eux bienveillance, calme et dialogue ;

– d'être poussés à l'expression orale, sociale et artistique ;

– de fréquenter suffisamment d'« âmes subtiles » ;

– d'apprendre à gérer « les âmes grossières » ;

– d'accepter des relations sociales explicites pour éviter les bévues et la marginalisation ;

– d'avoir un intérêt pour un domaine ou une passion.

Dans certains cas où l'inhibition sous forme de procrastination entrave gravement le développement personnel, il est intéressant d'envisager une psychothérapie individuelle auprès d'un psy, d'un conseiller conjugal ou une psychothérapie de groupe dans des associations à l'image des Alcooliques anonymes ou de Weight Watchers, et d'entreprendre un travail sur l'affirmation de soi et la régulation des émotions :

– soit par une information et un accompagnement appropriés (coaching) ;

– soit par la pratique du jeu de rôles (théâtre d'improvisation) ;

– soit par l'apprentissage d'une méthode de relaxation ou de sophrologie ;

– soit par la prescription d'un traitement psychotrope (anxiolytiques, antidépresseurs, neuroleptiques, hypnotiques) si les sujets présentent trop de symptômes invalidants.

Nombre d'adultes, anciens enfants précoces, gardent une vision erronée du fonctionnement psychique humain, avec l'idée que tout le monde pense et ressent les choses comme eux sur un mode complexe, hypersensible, exigeant, très respectueux et éthique. Cette vision extrêmement idéaliste des rapports interhumains ne peut être que démentie par les faits de tous les jours. Il s'ensuit pour ceux qui n'auraient pas accepté cette diversité d'être, de multiples et chroniques déceptions, des quiproquos interprétés le plus souvent comme des négligences ou des actes de malveillance alors qu'il ne s'agit que d'une différence de sensibilité et de règles de vie.

Il est également important de rappeler sans cesse à ces sujets qu'on ne peut intégrer profondément et durablement une nouvelle façon d'être et de sentir que si on s'oblige à expérimenter suffisamment longtemps des situations et des manières d'être différentes. C'est la clef de voûte du déconditionnement qui permet de s'affranchir des inhibitions, des angoisses et des peurs. Aucun changement ne peut, en effet, s'opérer sans cette astreinte à une exposition répétée et très rapprochée dans le temps sur une période assez longue que les comportementalistes appellent « affrontement aux situations anxiogènes » afin d'obtenir une « habituation ». Ceci est bien connu des sportifs de haut niveau qui savent attendre des mois, voire parfois des années, les bénéfices d'un entraînement assidu et intensif. Il faut insister lourdement sur ce point, car la patience et la persévérance devant un obstacle ne sont généralement pas les premières qualités des enfants précoces, même une fois devenus adultes.

Conclusion

Certains attribuent l'intérêt porté aux enfants précoces à un effet de mode. À notre avis, il reflète plutôt le résultat d'un bien meilleur repérage, d'une plus grande information dans les médias et de réels succès dans la prise en charge pédagogique et clinique de ces enfants quelque peu particuliers.

L'Éducation nationale a commencé de s'emparer du dossier depuis une vingtaine d'années en autorisant la création de la première classe pour enfants précoces dans un collège public. Que peut-on dire aujourd'hui de cette expérience ?

Cette innovation a fait ses preuves. Les élèves ont travaillé à leur rythme, se sont fait des amis et, sans cesse stimulés et sollicités, ont trouvé du plaisir dans l'étude. Cette expérience pourrait servir de modèle pour des projets pédagogiques similaires. S'appuyer sur les réalisations qui donnent de bons résultats aiderait à réduire l'échec scolaire. De plus, l'effort d'adaptation que les enseignants sont amenés à faire est utile à toute la communauté éducative : lorsqu'on a enseigné dans ces classes vivifiantes, on n'enseigne plus tout à fait comme avant et tous les élèves de l'établissement en récoltent le bénéfice.

Les exemples à l'étranger pourraient également enrichir les

réformes du système éducatif français au regard des enfants intellectuellement précoces.

Si on ne peut pas tout faire pour ces enfants, au moins faisons le mieux possible car les difficultés et les interrogations qui les attendent ne s'arrêteront pas à l'adaptation réussie au sein de la société, du travail, de la famille ou du couple. Il persiste parfois chez eux devenus adultes un certain malaise existentiel, relationnel, un sentiment d'isolement et des questionnements sur leur vraie nature, leurs capacités d'engagement social ou sur le sens profond à donner à leur vie pour ne pas avoir le sentiment de gâcher leurs talents. Notre effort de synthèse des connaissances actuelles sur les enfants intellectuellement précoces a dégagé deux notions particulièrement opérationnelles permettant de mieux les aborder et les prendre en charge sous leurs diverses facettes et problématiques : l'une concerne l'utilité et la pertinence des tests d'évaluation et l'autre met en exergue la pression des mécanismes de défense à l'origine de cercles vicieux touchant tant l'enfant et sa famille que sa relation avec les exigences liées aux processus d'apprentissage.

Dans cette optique, nous avions initié en 2007 des groupes de parole au sein de l'AFEP afin d'étudier au plus près les préoccupations et le vécu des personnes adultes concernées par la précocité intellectuelle. Ces groupes d'adultes s'adressaient aussi bien à d'anciens enfants précoces qu'à des parents d'enfants précoces sensibles à la brutalité de notre monde généralement assez peu ouvert à leur complexité et à leur sensibilité. L'expérience fut extrêmement enrichissante et a permis de comprendre combien il serait utile de poursuivre et d'élargir des initiatives de ce genre. Il semble qu'il soit vraiment nécessaire aux anciens enfants précoces de pouvoir rencontrer de temps à autre quelques âmes sœurs en vue de se revitaliser sans pour autant promouvoir le regroupement communautariste ou sectaire qui n'aurait valeur que d'un souci sécuritaire prenant la forme d'un repli entre soi des plus stérilisants. Ces rencontres ont permis de mesurer l'importance de l'impact des conditions éducatives et de soutien durant l'enfance sur la qualité ultérieure de leur vie.

Il incombe à ceux qui ont les enfants précoces en charge, parents, professeurs, chercheurs, associations, élus, et Éducation nationale bien sûr, de collaborer afin de leur permettre de prendre leur juste place dans le monde : celle qu'ils désirent profondément avoir et que le monde voudra bien leur laisser prendre. Mais pour cela il faut les aider et les guider le plus tôt possible afin qu'ils ne se réveillent pas trop tard face à la réalité de la société dont les diverses règles du jeu tendent à barrer l'accès à certaines filières ou fonctions si on n'a pas suivi et réussi en temps voulu le cursus scolaire et universitaire qui mène à ces filières.

Cependant, pour certains d'entre eux, vraiment rebelles à l'encadrement et aux conseils, laissons-leur le choix de faire leurs expériences aussi inconventionnelles ou douloureuses soient-elles, en gardant toujours confiance en eux et en leurs capacités à savoir saisir plus tard les bonnes opportunités qui se présenteraient. Ils ont en eux des ressources de grande valeur qui ne demanderont qu'à s'exprimer. Il faut qu'ils en soient persuadés et qu'ils n'aient pas le sentiment d'avoir été incompris, délaissés ou maltraités durant leur enfance, que ce soit passivement ou activement, tant par leurs parents que par le corps enseignant ou la société. Ces divers sentiments et ressentiments pourraient les conduire à choisir des voies qui vont à l'encontre d'un développement personnel et relationnel équilibré. Aidons-les à vivre une enfance « la plus insouciante possible » en attendant patiemment l'éveil parfois très tardif de leur maturité psychoaffective. « Patience et longueur… », telle devrait être la devise de tout parent ou enseignant ayant en charge un enfant précoce en difficulté scolaire ou relationnelle. Et nos responsables politiques devraient prendre conscience qu'écarter près de la moitié des enfants intellectuellement précoces de l'accès à l'enseignement supérieur a pour effet de priver notre pays d'une partie de ses forces vives. La recherche et l'innovation – pour une meilleure qualité de vie, sur tous les plans, techniques, médicaux, artistiques, sociaux et politiques – ont besoin d'eux.

Remerciements

De la part de Sophie Côte et de Ladislas Kiss :
À Mathilde Nobécourt pour ses précieux conseils.
À Marie-Paule Rochelois pour son aide.
À nos enfants, car nous avons beaucoup appris d'eux en vivant à leurs côtés.

De la part de Sophie Côte :
À Valérie Foussier pour ses encouragements.
À Jean, mon mari, qui n'a jamais cessé de m'épauler.

Annexes

Loi d'orientation et de programme pour l'avenir de l'école votée le 23 avril 2005

Extrait de l'article L. 321-4 :

« des aménagements appropriés sont prévus au profit des élèves intellectuellement précoces ou manifestant des aptitudes particulières, afin de leur permettre de développer pleinement leurs potentialités. La scolarité peut être accélérée en fonction du rythme d'apprentissage de l'élève... »

Pour l'application des dispositions du présent article, des établissements scolaires peuvent se regrouper pour proposer des structures adaptées.

2149 B.O. n° 38 25 oct. 2007, enseignements élémentaire et secondaire

Texte adressé aux rectrices et recteurs d'académie ; aux inspectrices et inspecteurs d'académie, directrices et directeurs des services départementaux de l'Éducation nationale ; aux inspectrices et inspecteurs d'académie, inspectrices et inspecteurs pédagogiques régionaux ; aux inspectrices et inspecteurs chargés des circonscriptions du premier degré :

La loi d'orientation et de programme pour l'avenir de l'école prévoit, dans son article 27 codifié 321-4, une meilleure prise en charge des élèves intellectuellement précoces ou manifestant des aptitudes particulières et qui montrent aisance et rapidité dans les activités scolaires, « notamment par des aménagements appropriés ».

Un grand nombre de ces élèves poursuivent une scolarité sans heurt, voire brillante, il n'y a pas de mesure particulière à prendre pour eux, leur parcours scolaire s'organisant sans que l'on sache le plus souvent qu'ils sont intellectuellement précoces.

D'autres manifestent des difficultés dans leurs apprentissages ou dans leurs comportements qui peuvent être sensibles dès l'école maternelle. Elles sont cependant plus nettes dès le début de l'école élémentaire et plus encore au collège où elles se trouvent amplifiées par la période de l'adolescence. Des investigations mettent alors en évidence leur précocité intellectuelle.

À partir d'un dialogue avec la famille et avec l'éclairage des psychologues scolaires, l'école apporte des réponses prenant différentes formes, associées ou pas : enrichissement et approfondissement dans les domaines de grande réussite, accélération du parcours scolaire, dispositifs d'accueil adaptés.

Pour prendre pleinement leur sens et être généralisées ces mesures supposent :

– l'amélioration de la détection de la précocité intellectuelle dès qu'un enfant est signalé par l'école ou par sa famille comme éprouvant des difficultés, y compris d'ordre comportemental, afin de proposer des réponses adaptées et un suivi. Cette détection suppose la vigilance des enseignants, en particulier à travers les évaluations régulières des acquis de chaque élève dont ils informent régulièrement les parents (ou le représentant légal). Elle mobilise également l'expertise des psychologues scolaires, nécessaire pour analyser précisément la situation de chaque enfant concerné et procéder, le cas échéant, aux examens psychométriques nécessaires. Le dialogue ainsi engagé avec les parents durant l'année scolaire doit se poursuivre au-delà avec l'appui du psychologue scolaire ;

– l'amélioration de l'information des enseignants et des parents sur la précocité intellectuelle, les signes que manifestent les élèves, les réponses qui peuvent être apportées afin de quantifier le phénomène, de qualifier les situations, de recenser les réponses apportées. Dans le but devenir en aide aux élèves concernés et à leur famille, ainsi qu'aux enseignants en charge de ces élèves, la mise en place d'un groupe académique ou départemental chargé du suivi de cette question ainsi que la désignation d'une personne ressource sont des réponses possibles. Cela implique des efforts importants en matière d'information et de formation en direction des personnels du premier et du second degrés.

En formation initiale, le cahier des charges des IUFM prévoit comme l'une des compétences professionnelles la capacité à prendre en compte la diversité des élèves. Il conviendra donc d'attirer l'attention sur ce point afin de s'assurer que la problématique de la précocité est traitée à ce titre.

En formation continue, dans le premier degré comme dans le second degré, des actions de formation des enseignants doivent être organisées de façon à les sensibiliser à cette problématique et à leur permettre de différencier leurs pratiques.

En outre, il est souhaitable d'opter pour des actions plus ciblées en direction de deux autres catégories de personnels : les directrices et directeurs d'écoles ainsi que les principaux de collèges d'une part, les psychologues scolaires et les conseillers d'orientation-psychologues d'autre part. Des mesures concrètes peuvent rapidement être mises en œuvre dans ces deux directions comme :

– l'inscription au plan de formation initiale des directeurs d'écoles et des principaux de collèges d'un module concernant les élèves à besoins éducatifs particuliers, dont les enfants intellectuellement précoces ;

– l'organisation d'une formation systématique des psychologues scolaires ainsi que des conseillers d'orientation-psychologues sur le dépistage des enfants intellectuellement précoces, l'accompagnement des familles, et les informations à apporter aux enseignants.

Cet ensemble de mesures coordonnées aux niveaux académique et départemental doit permettre une mise en œuvre rapide et efficace de la loi. Il n'y a pas lieu de conduire un dépistage systématique. En revanche, chaque fois qu'un élève manifeste un mal-être à l'école ou au collège, un trouble de l'apprentissage ou du comportement, ou simplement que ses parents en font la demande, la situation doit être examinée sans attendre, et les éventuelles mesures adaptées doivent être prises.

Afin de favoriser la mise en œuvre de ces mesures, un groupe national sera créé pour élaborer un guide d'aide à la conception de modules de formation réunissant des ressources documentaires et des pistes méthodologiques. Ce groupe sera également chargé du repérage des bonnes pratiques, visant à faire mieux connaître les réponses possibles et en garantir la mise en œuvre.

Les rectrices et recteurs d'académie, les inspectrices et inspecteurs d'académie, directrices et directeurs des services départementaux de l'Éducation nationale, mobiliseront les corps d'inspection du premier et du second degrés pour définir les stratégies locales de mise en œuvre de ces mesures. Ils s'appuieront pour ce faire sur les IUFM et leurs formateurs, ainsi que sur les ressources des associations dont certaines représentent une expertise précieuse en la matière.

Pour le ministre de l'Éducation nationale et par délégation,
Le directeur général de l'enseignement scolaire
Jean-Louis NEMBRINI

Quelques adresses

Association française pour les enfants précoces (AFEP)
Agréée par le ministère de l'Éducation nationale
111, boulevard Carnot
78110 Le Vésinet
Tél. 01 34 80 03 48
Email. afep@afep.asso.fr
Site : http://www.afep.asso.fr

Association nationale pour les enfants intellectuellement précoces (ANPEIP)
Agréée par le ministère de l'Éducation nationale
7, rue de Provence
06300 Nice
Tél. 04 79 28 32 60
Site : www.anpeip.org

Aventure scientifique
1, rue de l'Égalité
92227 Bagneux cedex
Tél. 01 46 12 18 50
Site : www.aventure-scientifique.com

MENSA
20, rue Léonard-de-Vinci
75116 Paris
Tél. 06 68 71 11 95
Site : http://www.mensa-France.org

APEDYS – Association d'aide aux dyslexiques
48, rue Faidherbe
59260 Lezernes

Tél. 03 20 05 18 75
Site : www.apedys.org

CORIDYS – Association d'aide aux dyslexiques
44, rue Poussin
75016 Paris
Tél. 01 40 71 62 03
Site : www.coridys.asso.org

ECHA - European Council for High Ability
Franz Mönks
Center for the Study of Giftedness
Radbout University Nijmegen
The Netherlands
Tél. +31 243 612 526
f.monks@psych.ru.nl
Site : www.echa.ws

Bibliographie

Sur les précoces, les surdoués

Arielle ADDA, *Le Livre de l'enfant doué*, Solar famille, 1999.

Arielle ADDA, Hélène CATROUX, *L'Enfant doué : l'intelligence réconciliée,* Odile Jacob, 2003.

Gérard BLEANDONU, *Les enfants intellectuellement précoces,* PUF, 2004.

Rémy CHAUVIN, *Les Surdoués*, Stock/Laurence Pernoud, 1975, 1996.

Sophie CÔTE, *Doué, surdoué, précoce, L'enfant prometteur et l'école*, Albin Michel, 2002 ; *Petit surdoué deviendra grand*, Albin Michel, 2003.

Valérie FOUSSIER, *Enfants précoces, enfants hors norme*, J. Lyon, 2008.

Howard GARDNER, *Les Intelligences multiples*, Retz, 1996.

Jean-Claude GRUBAR, Michel DUYME, Sophie CÔTE, *La Précocité intellectuelle : de la mythologie à la génétique*, Mardaga, 1997-2001.

Jean-Marc LOUIS, *Mon enfant est-il précoce ?*, Inter Éditions, 2002.

Todd LUBART et coll., *Enfants exceptionnels – Précocité intellectuelle, haut potentiel et talent*, Bréal, 2006.

Alice MILLER, *Le Drame de l'avenir de l'enfant doué*, PUF, 1996.

Olivier REVOL, *Même pas grave ! L'échec scolaire, ça se soigne*, Lattès, 2006.

Jeanne SIAUD-FACCHIN, *L'Enfant surdoué, l'aider à grandir, l'aider à réussir*, Odile Jacob, 2002.

–, *Trop intelligent pour être heureux? L'adulte surdoué*, Odile Jacob, 2008.

Jean-Charles TERRASSIER, *Les Enfants surdoués ou la précocité embarrassante*, ESF, 1981-1999.

Jean-Charles TERRASSIER, Philippe GOUILLOU, *Le Guide pratique de l'enfant surdoué*, ESF, 1998-2000.

Sylvie TORDJMANN et coll., *Enfants surdoués en difficulté : de l'identification à une prise en charge adaptée,* 2005.

Ellen WINNER, *Surdoués, Mythes et réalités*, Aubier, 1997.

Avner ZIV, « L'humour comme base de créativité » et « Le chemin de la réussite – quelle réussite ? » in *Actes des colloques et congrès de l'AFEP*, 2002 et 2000.

Sur le cerveau

Stanislas DEHAENE, *La Bosse des maths*, Odile Jacob, 1997.

Michel DUYME, *Biologie et précocité intellectuelle*, Actes congrès AFEP, 2002.

Axel KAHN, *Et l'homme dans tout ça ?*, Nil, 2001.

Michel HABIB, *Bases neurologiques des comportements*, Masson, 1997 ; *Dyslexie, le cerveau singulier*, Solar, 1999.

Jean-Pierre ROSSI, *L'Approche expérimentale en psychologie*, Dunod, 1997.

Jean-Pol TASSIN, « Hypothèse neurobiologique sur le fonctionnement mental des enfants précoces », *Actes du congrès AFEP*, 2002.

Sur la pédagogie

Antoine de LA GARANDERIE, *Pour une pédagogie de l'intelligence*, Centurion, 1990 ; *Comprendre et imaginer*, Bayard 1987 ; *Les Grands Projets de nos tout-petits*, Bayard, 2001 ; *Réussir, ça s'apprend*, Bayard, 1994 ; *Les Profils pédagogiques*, Centurion, 1980.

Guide des écoles pas comme les autres, Pierre Horay Éditeur, 1998-1999.

Pour le plaisir de lire

Claude ALLÈGRE, *Toute vérité est bonne à dire*, Robert Laffont/ Fayard, 2000.

Jean-Luc AUBERT, *Intelligent mais peut mieux faire*, Albin Michel, 1999.

François de CLOSETS, *Le Bonheur d'apprendre et comment on l'assassine*, Le Seuil, 1996.

François DUMESNIL, *Questions de parents responsables*, éd. de l'Homme, 2004.

Daniel KEMP, *Le Syndrome de l'enfant téflon*, Gordon France, 1994.

Ladislas KISS, *Une société plus humaine, Utopie ou réalité ?*, Karpathos, 2006 ; *Arrêtons le massacre! Incidences des séparations parentales sur les enfants*, Karpathos, 2002.

Guy MOREL, Daniel TUAL-LOIZEAU, *Petit vocabulaire de la déroute scolaire*, Ramsay, 2000.

Daniel PENNAC, *Messieurs les enfants*, Gallimard, 1997.

–, *Chagrin d'école*, Gallimard, 2007 ;

Pour les enfants

Pour les 6-9 ans

La série *Max et Lili*, chez Calligram.

Pour les 8-12 ans

La collection « Comment survivre », chez Albin Michel.

Jean-Louis FOURNIER, *Je vais t'apprendre la politesse*, Le Livre de poche, 2004

La série « Les goûters philo », chez Milan Jeunesse.

Table

Préface 7

Introduction 11

1. Reconnaître la précocité intellectuelle chez un enfant 15

Qui sont ces enfants ? 15

Comment les reconnaître ? 19

2. Quel est notre regard sur ces enfants ? 31

Qu'en dit la science ? 33

Le manque de reconnaissance 35

La précocité et l'Éducation nationale 36

3. La difficulté d'être un enfant précoce 39

Des mécanismes de défense plus ou moins adaptés 39

Une estime de soi fragile 44

Une plus grande sensibilité au regard de l'autre 47

Un défaut de mentalisation 49

L'angoisse des enfants précoces 52

Les défauts de leurs qualités 56

4. L'enfant précoce en famille 59
La formation de sa personnalité 59
Le développement de son autonomie 66
La difficulté d'être le parent d'un enfant précoce 71

5. Aider l'enfant précoce à s'épanouir socialement 77
Du côté des parents 79
Du côté de l'enseignant 87
L'enfant précoce, le psychologue et le psychiatre 88

6. L'enfant précoce à l'école 103
Une dynamique de l'apprentissage 104
Comment travaille l'enfant précoce 108
Les principaux obstacles à l'apprentissage 113
L'échec scolaire 116
Le malentendu entre l'école et l'enfant précoce 122
La relation aux autres à l'école 125

7. Aider l'enfant précoce à s'épanouir intellectuellement . . . 133
Sauter une classe 135
Travailler à la maison 141
Des projets pédagogiques adaptés 143
Des écoles avec projets pédagogiques pour les enfants précoces 146
Les pédagogies « différentes » 152

8. Le devenir des enfants précoces à l'âge adulte 157
L'avenir professionnel 158
Le développement personnel, conjugal, familial, social 161
Des adultes trop souvent inadaptés 164

Conclusion 169

Remerciements 173

Annexes 175

Bibliographie 181

Des mêmes auteurs

de Sophie Côte

Petit surdoué deviendra grand,
Albin Michel, 2003.

Doué, surdoué, précoce, L'enfant prometteur et l'école,
Albin Michel, 2002.

de Ladislas Kiss

Une société plus humaine, Utopie ou réalité ?,
Karpathos, 2007.

Être et paraître, De l'esthétique,
Karpathos, 2006.

Arrêtons le massacre !
Incidences des séparations parentales sur les enfants,
Karpathos, 2003.

Des processus de changement,
Karpathos, 2002.

Échelles d'anxiété, de manie, de dépression, de schizophrénie,
Masson, 1989.

DANS LA MÊME COLLECTION

Quels repères donner à nos enfants dans un monde déboussolé ?
Jean-Luc AUBERT

Mes parents se séparent – Comprendre ce que ressent l'enfant
Maurice BERGER et Isabelle GRAVILLON

Petite terreur ou souffre-douleur – La violence dans la vie de l'enfant
Stéphane BOURCET et Yves TYRODE

Petits tracas et gros soucis de 1 à 7 ans – Quoi dire, quoi faire
Christine BRUNET et Anne-Cécile SARFATI

Petits tracas et gros soucis de 8 à 12 ans – Quoi dire, quoi faire
Christine BRUNET et Anne-Cécile SARFATI

Une famille, ça s'invente – Les atouts des parents, les atouts des enfants
Hélène BRUNSCHWIG

Papa, maman, laissez-moi le temps de rêver !
Etty BUZYN

Me débrouiller, oui, mais pas tout seul !
Etty BUZYN

La Mort pour de faux et la Mort pour de vrai
Dana CASTRO

Ça va pas fort à la maison – L'enfant et les soucis des grands
Dana CASTRO

Qui lit petit lit toute la vie
Rolande CAUSSE

Il a du mal à l'école – Un peu, beaucoup, trop… comment l'aider
Brigitte CHEVALIER

Il a du mal au collège – Comment l'aider
Brigitte CHEVALIER

Petit manuel à l'usage des grands-parents qui prennent leur rôle à cœur
Étienne CHOPPY et Hélène LOTTHÉ-COVO

Séparons-nous… mais protégeons nos enfants
Stéphane CLERGET

Vos enfants ne sont pas des grandes personnes
Béatrice COPPER-ROYER

Peur du loup, peur de tout – Petites peurs, angoisses, phobies de l'enfant et de l'adolescent
Béatrice COPPER-ROYER

Premiers émois, premières amours – Quelle place pour les parents ?
Béatrice COPPER-ROYER

Doué, surdoué, précoce – L'enfant prometteur et l'école
Sophie CÔTE

Psy ou pas psy ? – Quand et qui consulter
Dr Patrick DELAROCHE

Adolescence à problèmes – Comprendre vos enfants pour les aider
Dr Patrick DELAROCHE

Doit-on céder aux adolescents ?
Dr Patrick DELAROCHE

Parents, osez dire non !
Dr Patrick DELAROCHE

Oser être mère au foyer
Marie-Pascale DELPLANCQ-NOBÉCOURT

Parents de cœur – Comprendre l'enfant adopté
Sherrie ELDRIDGE

Le Dieu de l'enfant – Il n'est pas celui qu'on croit
Nicole FABRE

Amour, enfant, boulot... comment sortir la tête de l'eau
Anne GATECEL et Carole RENUCCI

Le baby-clash – Le couple à l'épreuve de l'enfant
Bernard GEBEROWICZ et Colette BARROUX

Mon enfant me dévore
Lyliane NEMET-PIER

Papa, maman, j'y arriverai jamais ! – Comment l'estime de soi vient à l'enfant
Emmanuelle RIGON

J'ose pas, je suis trop timide – S'affirmer est un jeu d'enfant
Emmanuelle RIGON

Turbulent, agité, hyperactif – Vivre avec un enfant tornade
Emmanuelle RIGON

Aidez-moi à trouver mes marques ! – Les repères du tout-petit
Michael ROHR

Toutes les questions que vous vous posez sur l'école maternelle
Nicole du SAUSSOIS

Les Risques de l'adolescence
Gérard SÉVERIN

Crèches, nounous et cie – Modes de garde, mode d'emploi
Anne WAGNER et Jacqueline TARKIEL

Hors collection

Petites histoires pour devenir grand – À lire le soir pour aborder avec l'enfant ses peurs, ses tracas, ses questions
Sophie CARQUAIN

Petites histoires pour devenir grand 2 – Des contes pour leur apprendre à bien s'occuper d'eux
Sophie CARQUAIN

Petites leçons de vie – Pour l'aider à s'affirmer
Sophie CARQUAIN

Composition IGS-CP
Impression : Imprimerie Floch, février 2009
Éditions Albin Michel
22, rue Huyghens, 75014 Paris
www.albin-michel.fr
ISBN : 978-2-226-18754-3
ISSN : 1275-4390
N° d'édition : 25703 – N° d'impression : 73132
Dépôt légal : mars 2009
Imprimé en France